和名類聚抄地名新考

―畿内・濃飛―

工藤力男

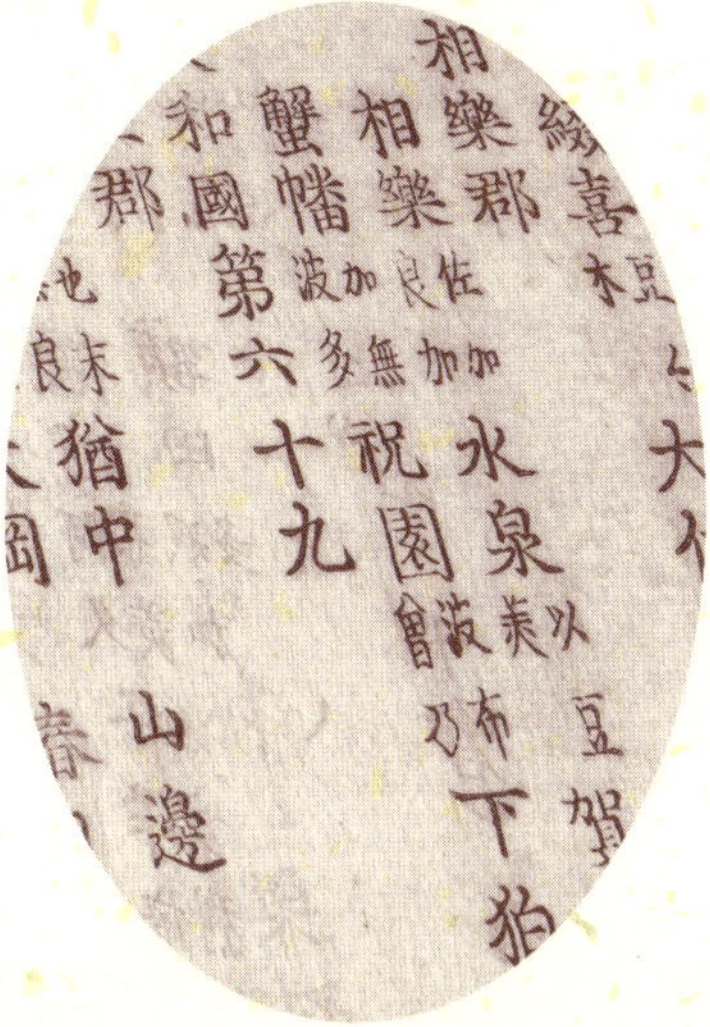

和泉書院

先師濱田敦に

はじめに

本書は、廿巻本『和名類聚抄』「国郡部」の地名、すなわち国名・郡名・郷名、そして高山寺本『和名類聚抄』「道路具」に収める駅名について、日本語史学のたちばから考察したものである。

地名の考証や研究は、現代地名については地理学者の手で、歴史地名については歴史学者の手でなされるのが一般である。その実態は、先年完結した二つの大きな地名の叢書、『角川 日本地名大辞典』（角川書店）、『日本歴史地名大系』（平凡社）を見ると明らかである。だが、広く知られていない小地名については、地域の郷土史家と言われる人の執筆していることが多い。

地名は、大地に刻印された名前である。名前はことばである。したがって、その考察には言語の学こそが関与すべきである。時がめぐり、地形が変わり、文献には残らなくても、住民の伝承に古い地名が残り、その地の歴史の解明されることがある。古い地名はそれほど貴重だ、というのがわたしの考えである。だから、古い地名ほど、その時代の言語に通じている者が慎重に扱う必要がある、と言わなくてはならない。日本語の地名なら、日本語史学のたちばからの発言が重要視せられてしかるべきである。

わたしが京都大学大学院文学研究科の修士課程に入学したのは昭和四十二年四月である。その年の濱田敦教授の講義題目は「和名抄の地名」であった。教室では、池《いけ》邊《べ》彌《わたる》『和名類聚抄郷名考證』（吉川弘文館）がよく引かれた。池邊氏の書が刊行されたのは、その前年の十一月である。一般に、大学の講義題目は遅くても開講の半年前には決まっている。すると、このタイミングは微妙であるが、先師は池邊氏の著書の刊行についてあらかじめ知っていて講義題目を決めたのではなかろうか。

池邊氏の書と時期を同じくするその年の秋、邨岡良弼《むらおかりょうすけ》『古代地名辭書 日本地理志料』が、京都の臨川書店から縮刷版二冊で刊行された。その「開題」は先師によって書かれている。もと明治三十五六年に刊行されたこの書は七十二巻の大著である。書名は『日本地理志料』とあるが、内実は『和名類聚抄国郡郷里部名考証』と言うべきものなのである。

このように見てくると、池邊氏と先師とは、連携しあって研究や出版の作業を進めたのではないかと想像される。だが、それについて師が教室で語ることはなかったように思う。わたしも真相をうかがうことをせずに永別した。後年、わたしは縁があって成城大学文芸学部に奉職したが、短期大学部教授だった池邊氏は既に退職していたので、氏の謦咳に接する機会は得られなかった。該書の増訂版を四年後に刊行した池邊氏が、さらに陸続と発見される木簡資料などを織り込んで、『和名類聚抄郡郷里驛名考證』を刊行したのは、増訂版刊行の十一年後、昭和五十六年のことであった。わたしがこの領域を本格的に研究しようとしたとき、池邊氏とは幽明を異にしていた。大きな学恩を被りながら、この名著の著者に拝眉する機会は得られなかった。

秋田市で生まれ育ち、秋田県内の地名にアイヌ語の残留することがあると教わって、地名に関心の深かったわたしは、先師の講義にすっかり魅了された。自分の担当した部分についての発表は恥ずかしいものであったが、一回の欠席もなく丹念に採った講義ノートは貴重な財産、いな宝物である。

先師の講義は、元和本の巻第六、郷里部冒頭の山城国「乙訓郡　山埼　鞆岡　長井」というふうに、郷名の記載順に逐一扱う方式で進められた。そして宇治郡で終わった。八郡中の五郡、郷名数は五十に及ばなかった。先師は、その講義内容について、何かの機会に言及することはあっても、著書にもモノグラフにもまとめることはしなかった。わたしには、それが惜しまれてならなかった。

先師の論を世に公開したい気持ちから、わたしは「和名抄地名新考」と題する六篇を、勤務先の紀要に発表した。その傍論とも言うべき「濃飛和名抄地名新考」を『岐阜史学』に発表した。いずれも、大学における先師の講義の様式とは異なり、日本語史学のたちばから見て、問題がありそうな地名に限定しての論である。「山田」をヤマダと読む根拠などは論ずるには及ばないと考えるからで、おのずと難しい地名が考察対象になり、歯切れの悪い結論に終わることも覚悟の上であった。

郁岡良弼の偉業を追いかけるには、なお数十年が必要であるが、わたしにはその時間がない。そこで、せめてこれまでに書いたものを一書にまとめておいて、残余は後人に託しようと思って本書をまとめることにした。

旧稿をまとめかけていた昨年三月、蜂矢真郷氏の大冊『古代地名の国語学的研究』が和泉書院から刊行された。蜂矢氏とわたしは、濱田教授のその講義の教室で机を並べて学んだ。蜂矢氏の著書は、和名抄の地名を語彙論的な視点から総体として論じたものである。わたしは、畿内と濃飛両国の和名抄地名のうち、議論の対象になりそうなものだけを採りあげて考証したので、論述の姿勢と方向は大きく異なる。言わば、蜂矢氏の著書が鳥瞰図であるのに対して、本書は虫観図である。

本書は、右に書いた畿内の和名抄地名に関わる論文、岐阜県に相当する古代の美濃・飛驒両国の和名抄地名を論じた論文から成る七章と、新たに書いた序章をもって本編とした。濃飛両国の論を添えたことについて一言する。わたしは、平凡社の『日本歴史地名大系』の「岐阜県の地名」で美濃・飛驒両国を担当した。限られた紙数で十分に述べつくせなかったという思いが強いので、その補いの意味で書いた一篇である。畿内からはずれるが、あえてここに収めることにし、書名にもそれを明示した。

補論として、古代地名を論じた他の文章・論文五篇を収めた。そのうち、第二は論文集『日本語学の方法』にも収めたものであるが、ここにあえて再録した。また、第五以外は依頼原稿なので、趣旨や用例は重複することが多いことをお断わりしておく。

本書に収めるにあたって、記述の誤りを正し、余分な叙述を省き、字句を整え、補筆したりしたが、根本的な改変は施していない。退職してから既に九年、研究環境を離れて久しいので、新しい研究成果を吸収しえていないことを了解していただきたい。

なお、初出の時期・掲載誌などは各篇末に記した。

平成卅年一月

工藤力男

【目次】

補論

凡例

本編の記述において頻繁に出現する書名に用いた略称を示し、かつ、黒丸点に続けて、本書の図表などに用いた略称を掲げる。

高山寺本和名類聚抄（臨川書店刊『諸本集成倭名類聚抄』による）→高山寺本・高本・高
大東急記念文庫本和名類聚抄（雄松堂刊『原装影印倭名類聚抄』による）→大東急本・東本・東
元和本和名類聚抄（臨川書店刊『諸本集成倭名類聚抄』による）→元和本・版本・元
名古屋市博物館本和名類聚抄（名古屋市博物館刊）→名博本・名本・名

＊

邨岡良弼著『古代地名辞書 日本地理志料』（臨川書店刊複製）→『地理志料』
吉田東伍著『大日本地名辭書』（冨山房刊増補版）→『地名辭書』
池邊　彌著『和名類聚抄郡郷里驛名考證』（吉川弘文館刊）→『池邊考證』
角川書店刊『角川 日本地名大辞典』→『角川辞典』
平凡社刊『日本歴史地名大系』→『地名大系』
　右の二書については、必要に応じて府県市名・分冊などを小字で附記する。

＊

奈良（国立）文化財研究所『平城宮発掘調査出土木簡概報』→『平城概報』

＊　＊　＊

【付記】
一　本文中の年紀は元号により、必要に応じて、キリスト暦の年次をアラビア数字で括弧書きした。
二　本文中に引いた萬葉集の歌には、亀甲括弧に『(旧)国歌大観』の歌番号をアラビア数字で示した。

（本編）

序章　古代地名の考え方

古代地名というひとつ対象であっても、それを考察するたちばは、地理学と歴史学と言語学とでは異なることがある。そのことについては、あちこちに書いた。ここでは、その周辺に位置するに違いないことについて述べる。『角川辞典』全四十九巻の完結後、そこに採られた古代中世地名を主対象にして編まれた『古代地名大辞典』(1999) がある。その本文は「あいいちのり　相市里」で始まる。この「相市里」は山城国紀伊郡にあった「平安期に見える条里の里名」で、永久元年の文書に一度だけ見えるという。それなら、この里名の読み方「あいいちのり」は、後の人、というよりも現代の地名研究者がそう読むということに過ぎまい。というのは、その時代、その地域の日本語として、イの音が続く「あいいち」という語形は存在しにくかったと思われるからである。その意味で、この地名には時代性が希薄だ、とわたしは考える。

同書の巻頭第一ぺイジの六番めに、和名抄の郷名「あいかわのごう　藍川郷」がある。『角川辞典』四十九巻全部を見たわけではないので断言はできないが、このように《固有名+の+行政単位の音読》という形で読むのは、『角川辞典』全体の方針であったと思われる。が、この叢書の刊行中から、わたしはかかる読みかたについて違和感が大きかった。編者には確たる根拠があってこれが採られたのだろうか。これと雁行するように刊行され、『角川辞典』と執筆者の重なることもある『地名大系』では、これを「あいかわごう」と読んでいる。「の」を入れずに読んでいるのである。いずれが妥当だろうか。

古代の日本人が土地の固有名に行政単位「里・郷・郡」をつけて称するとき、その単位を「何某のガウ」というように音読みすることはあっただろうか。この方式を現代の地名に当てはめると、例えば「山田村」を「山田のソン」、「河辺町」を「河辺のチョウ」と読む道理である。郷名を「～のゴウ」と読む『角川辞典』も、郡名の「秋鹿郡」は「あいかグン」などと読んで、「あいかのグン」のようには読まない。郡と郷でこのように読み分ける基準は何だろうか。

そもそも、人は日常、行政単位まで含めて地名を言うだろうか。「こんど横浜市に引っ越したよ」「家族でめし食いに渋谷区へ出たんだ」「ドライブは箱根町にしよう」などとは滅多に言うことはないだろう。書類や郵便物などのしわけに住所を書くときは必要だが、役人が日常業務にそれを必要とするのとはわけが違う。

古代の人たち、特に役人が地名を正式に呼ぶ必要が生じたとき、固有名に行政単位のついたフルネームをいかに称していたかを知ることは容易ではない。古代文献は漢字で書かれているからである。それでも万葉仮名表記された歌は多く、例えば、萬葉歌「大き海の水底深く思ひつつ裳引きならしし須我波良能佐刀」〔4491〕の結句は、原文表記によって「菅原の里」の訓が判明する。が、これは歌語としての表現であって、これをそのまま、晴れの公式名称にも、褻の日常語にも適用させることはできない。なぜなら、ひとつ川の名「明日香川」が、音数律の関係で萬葉集に「君により言の繁きを古里の明日香乃河にみそぎしにゆく」〔626〕と詠まれるように、簡単に助詞「の」を介在させた「明日香の川」に変わりうるからである。

散文には音数律の制約がないので自由に読めるはずである。そう考えたとき、すぐに思い浮かべられるのが古風土記である。なるほど地理書たる風土記には、フルネームの郷と里が満ちている。現行の風土記の訓読で、郡は「○○のこほり」、郷・里は一様に「○○のさと」と読んでいる。肥前国風土記の基肄郡のように郷と里が共存するばあい、日本古典文学大系本は「里」に「こざと」の訓を与えており、決して「り」とは読んでいない。

畿内の地名が多く見られる日本霊異記では、「大倭の国、宇太の郡、漆部《ぬりべ》の里《さと》」（上巻第十三縁）のように読むのが普通である。伊勢物語初段は、「むかし、をとこ、うひかうぶりして、ならの京かすがのさとに、しるよしして、かりにいにけり」と始まる。「京」だけは特別の存在ゆえ音読みされたが、続く里は「かすがのさと」である。今昔物語集では、「今昔、備中ノ国、窪屋ノ郡、大市ノ郷ニ」（巻第十七第十八語）のように書かれる。現在流通している本は、この国・郡・郷をすべて訓読みしている。これは素朴ではあるが、まっとうな日本語の感覚というものであろう。

『角川辞典』が、右に推測したような素朴な読み方によらず、「藍川のゴウ」のような読み方を採った背景には、歴史学者や郷土史家の間に行われていた一種の慣用語が用いられたのではなかろうか。十数年前、岐阜県富加町《とみかちょう》で「御野國半布里《はにゅうり》戸籍1300年祭」（原文は横組み）が行われた。それをさかのぼる半年前、里名の読み方をめぐる論争を、朝日新聞の中部本社版の岐阜県面が報じている。二巻から成る同町史の上巻（1975）では「はぶり」、五年後に出た下巻では「はにゅうり」と読んでいるというのである。在地研究者を中心に「はぶり」と称していたが、奈良国立博物館のパンフレットに「はにゅうり」とあることを根拠に変更したのだという。後者の読み方は、古代史の研究者間に一般的な呼称である。この二つは、いずれも研究者間の一種の隠語というべき呼称であろう。

このように、歴史学・地理学のたちばから地名を扱う態度は、言語の学からする処理とは異なることがある。土地に刻印された語、それが地名であるからには、まず言語として処理しなくてはならない。その地名が、いつ、誰によって、いかなる言語で、いかなる原理によって刻まれたかを考えるべきである。それが時間を経て変化した際にも、いつ、誰による、いかなる原因による変化であったかを考えるべきである。時には人為的な変更もあるが、それは直接には言語の学の対象にはならない。

これが、日本の古代地名を考えるわたしの基本的なたちばである。

第一章　山城国

1　乙訓郡

この郡名については古代にも用例が多く、二音節の万葉仮名の用法も理にかなっており、解釈上の問題はない。だが、意外なところから二つの問題が出来した。

『池邊考證』は五種類廿六の用例を挙げている。大宝期以後に正式な表記になったらしい「乙訓」が大半だが、それ以前の「弟国・堕国」のほか、平安時代の「乙国」一例もある。そして、天平宝字六年造寺所公文の「乙容郡」である。「容」の文字が何ゆえに「くに」の表記たりうるのか、それが当郡の問題の一つである。

わたしはどう考えても、「容」の文字から、音としても訓としてもクニを引き出すことができない。『大日本古文書』五（1903）に左記のように翻刻されて以来、人々はこの文字で論じ続けてきた。

山背乙容郡小野郷戸主鳥部廣嶋戸口足嶋

今は幸いにも、『正倉院古文書影印集成』第九巻（八木書店 1965）によって、その字形を見ることができる。天平宝字六年六月廿一日、村刀祢大伴虫万呂の書いた「謹解　申檜皮盖工等食功請事」と題する文書にそれは見える。その図版を同書から転載する。

図1（正倉院文書。『正倉院古文書影印集成』第九巻、八木書店より転載）

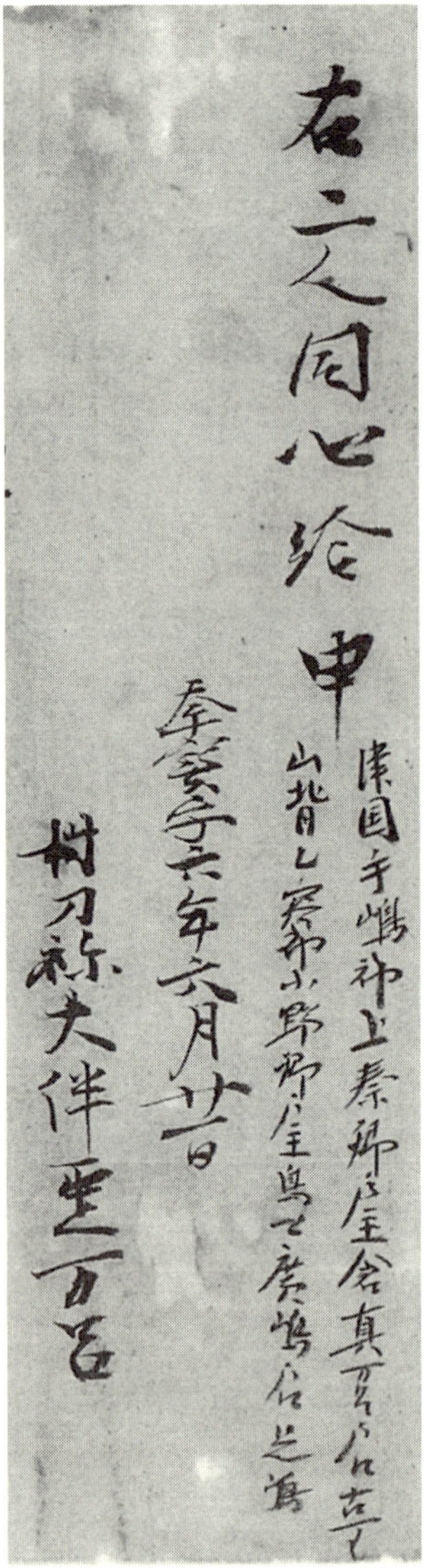

この図版から「乙」の下の文字を「容」と判読することはかなり難しい。百聞は一見に如かずであるが、これは、書き手がほんとうに「容」の字を書こうとして筆を運んだ結果であろうか。ウ冠の下、旁が「容」だとしても、その第二画は分かるが、ほかは、むしろ「右」に近い印象だ。書き手が決して能筆でないことは「郡」が「神」の崩し字かと見紛われることからも言えよう。それは、右の行の「手嶋郡」でも同様である。これだけで判断するのは危険だが、虫万呂は「容」の字を書きかけて「宕」に戻したのではなかろうか。この人の筆跡がほかには見られないことが遺憾である。

先師は、活字翻刻本を見ての感想であるが、「容」は「宕」か「當」の誤記で、オトクニならぬオタギかとした。わたしのノートにはそう書き留めてあるが、詳しい論証はしなかったと思う。論証を述べるに及ばない、直感による見解であったかも知れない。この影印を見ると、先師の予言どおり、「宕」の蓋然性がきわめて大きいと言えよう。

先師の講義がなされてから廿二年後、長屋王の邸宅跡から出土した木簡に興味ある文字が見いだされた。一年間の上日の記録らしい半分ほどを、『平城概報』廿一号（1989）から引いて示す。

　無位出雲臣安麻呂年廿九 山背國乙當郡　　上日日三百廿 夕百八十五　「幷五百五」

最下部に引用符で翻刻された箇所は別筆による文字である。下部には上日した日数が書かれ、掲載の写真からも、端正な文字がはっきり読み取られ、誤読の恐れは全くない。「乙當郡」はオタギ郡を書いたとおぼしい。オタギなら、「愛宕」あるいは「愛當」が普通の表記なのだが、「愛」をオの仮名に用いる特殊性ゆえに、オトクニの「乙」と読み誤ったに違いない。先の正倉院文書の「乙容郡」が「乙訓郡」ではなく「愛宕郡」であった蓋然性がにわかに高くなったと言えよう。

　結論は以上で尽きるが、状況証拠を提示しよう。

　当該条に見える鳥部廣嶋戸口足嶋は小野郷の人だとある。もし、乙容郡が、従来そう信じられてきた「乙訓郡」なら、そこには小野郷があるはずである。しかし、奈良・平安時代、乙訓郡に小野郷の存在した形跡は全く見つからない。その事実だけでも、乙容郡を乙訓郡と即断できないはずだが、なぜかそこが見落とされてきた。「小野」はありふれた郷名で、じっさい和名抄は山城国では愛宕郡と宇治郡にこの郷名を載せているのに。

　この人物は「鳥部」氏である。元和本和名抄の愛宕郡には、小野のほかに蓼倉、栗野、上粟田、大野、下粟田、錦部、八坂、鳥戸、愛宕、出雲、賀茂の各郷がある。平安時代、正式表記は「鳥戸」だったかも知れないが、『池邊考證』によると、実際の用例は奈良時代以来の「鳥部」が圧倒的に多い。よって、鳥部と鳥戸は同一地名と見て誤りないだろう。当該条の鳥部氏は愛宕郡鳥戸郷ゆかりの人であった蓋然性が大きい。

　以上、「乙容」は「乙宕」とも読めること、長屋王家木簡に「愛宕郡」を「乙當郡」と書いた例があること、「鳥部廣嶋」の居住地小野郷が乙訓郡には存せず愛宕郡には存すること、愛宕郡には「鳥部」氏と同じ「鳥部」郷が存することを明らかにした。これによると、大日本古文書に翻刻せられ、百年来「オトクニ郡」と読まれてきた「乙容郡」は「乙宕郡」と解すべきだということになる。

正倉院文書の「乙容郡」を少しも疑わなかった池邊氏は、「小野郷」を和名抄に記載のない郷名として、乙訓郡の最後に括弧つきで掲げた。

（小野郷）　天平寶字六、六、廿一、造寺所公文。

小　野、伊勢物語、83。

その地は、未詳ながら伊勢物語の小野に当たると考えたのだろうか。そのくだり、第八十三段の一文を、講談社文庫本から引いてみよう。

む月に、「をがみたてまつらむ」とて、小野にまうでたるに、ひえの山のふもとなれば、雪いとたかし。

比叡山の麓にある「小野」について、森野宗明氏の注は「今の京都市八瀬大原のあたり」とある。

大雑把に言うと、乙訓郡は京都市の桂川の西側に広がる地域、愛宕郡は市の東側に広がる地域である。「乙容」は乙訓でありえず、その小野郷は、伊勢物語の小野と同じ愛宕郡の地にあったと考えるのが最も自然である。

もう一つの問題は、この郡名の起源に関わる言説である。例えば、『角川辞典』の「乙訓郡」の項にはこうある。

乙訓郡ははじめ葛野郡に属し、その一部であったが、大宝令施行時に葛野郡から分離したもので、葛野郡の兄国に対する弟国であって、のちに乙訓の字を用いたのである。

『地名大系 京都府』の結論もこれにほぼ等しい。現行の地名辞典の中では、楠原佑介ほか著『古代地名語源辞典』(1981) が「弟国は兄国に対する地名か」と判断に慎重さを残しているが、吉田茂樹『日本古代地名事典』では断定している。かかる言説は何によるのだろうか。管見では江戸時代の地誌類かと思われる。

『地名辞書』に、「本郡は古へ葛野より分れ乙訓の名は弟国《オトクニ》（少国の義）の謂なるべし」と述べたのが早いものだろうか。乙訓郡が葛野から分離してできた蓋然性はきわめて大きいが、それを伝える文証はない。それなのに、さながらそれがあるように記述する『角川辞典』ほかの態度には賛成できない。かりに葛野郡から分けて建郡されたのだとしても、その建郡の時期を大宝令施行時と断定する根拠があるのだろうか。また、続日本紀大宝二年に見える「乙訓郡」は、確かにのちの名であると言えるのだろうか。

当郡の古い用例として、古事記と垂仁紀十五年に伝える起源説話の「堕国・弟国」、継体紀十二年の「弟国」がある。垂仁紀で、ヒバスヒメが輿から墜ちて死んだので「堕国」と名づけた所を、今は「弟国」と言うのだとすること、記紀の説話はほぼ同じである。もし『角川辞典』ほかが言うように、大宝令の施行によって建郡されたのなら、その地名も、今は「乙訓」と言うのだ、と記紀に書かれるはずではないか。「兄国・弟国」という呼称と表記自体こそ、令制以前の姿を語るというものだろう。そして、大宝令の施行以前、すでに乙訓郡は存在していたと断言せざるを得ないので、『角川辞典』などの記述は成り立たない、とわたしは考える。

藤原宮跡の第廿九次発掘調査の結果が『木簡研究』三号（1981）に報告された。そこで出土した木簡に、「弟国評鞆岡三」の一点がある。上部が闕損しているが、山背国のものと推定されている。藤原宮東面大垣地区から出土した木簡廿九点のうち、荷札の年紀は、干支表記が七点、元号を記すものが慶雲・和銅の三点、年紀のない木簡でも「評」表記が十二点、「郡」表記が十一点で、荷札木簡の過半は大宝以前のものだ、と加藤優氏は報告している。

この木簡の出土によって、乙訓郡が大宝以前に建てられていたことは動かない事実となった。加藤氏はまた、「これまで大宝令の施行に伴い葛野郡から乙訓郡の分割が行われたという説が有力であったが、再考の必要が生じた」とも書いている。歴史学の世界では、いつの間にか大宝令施行云々の説が支配的になっていたようだ。

なお、訓字表記「弟国」から音仮名表記「乙訓」に変わったことも、七八世紀の交における他の地名表記の変更と軌を一にするものである。こうしたことこそ、歴史学者が最も神経質に議論してきたことであったので、わたしの目には意外な盲点と映じた。

2　乙訓郡鞆岡郷

郷名「鞆岡」は、諸本の訓によって「ともをか」と読み、後世、表記が「友岡」に転じて今に至る。どの位置から見たのか知らないが、郷内の主要部にある岡の形に由来する名と考えられる以外に地名として議論すべきものはない。

この郷名における日本語学の問題は「鞆」の字である。和名抄の術藝部射藝具の「鞁」に「在臂避弦具也」「和名止毛、楊氏漢語抄日本紀等用鞆字、俗亦用之、本文未詳」とある。撰者の源順もこの文字の典拠が極めえなかったようだ。谷川士清『日本書紀通證』に「字彙補有鞆字、義闕、日本紀用此、盖別有所拠也」とあることも、「鞁」の字が漢土では一般に用いられた文字ではなかったことを語っている。その「鞆岡」の表記がすでに七世紀に存したことは、前項に引いた藤原宮跡木簡「弟国評鞆岡」に明らかである。

源順が、日本紀に鞆字を用いることがある、というのは、応神天皇即位前紀、天皇誕生時に腕に「鞆」状の肉があったという箇所をさすのだろう。「鞆」は、古事記・萬葉集・風土記にも見える。したがって、八世紀の日本語社会には広く通用していたと考えられるが、その典拠については聞くことがない。かくて、これは日本製の文字、すなわち「国字」として扱われてきたのである。

従来、古代文献に見いだされた国字はかなりの数に上る。『新撰字鏡』の「小学篇」に集められた多くの国字は、実際の使用の確認できないものが多いので除くとしても、萬葉集の「椙・俣・鴫・樫」、風土記の「椙」、古事記の「俣」などがある。ここでまず問題なのは、なぜ「鞁」が用いられずに「鞆」が作られたかということである。この問に対して明確な回答を用意することは難しいが、一つの推論を試みることにする。

古代、射藝の具としてはほかに「こて」があった。天治本『新撰字鏡』には、和名抄でトモに当てていた「鞁」

に「古岸反、射弓時調度也、古弖」と注するほか、観智院本『類聚名義抄』の「韝」に「コテ、タマキ」、前田本『色葉字類抄』に「射韝　シヤコウ、コテ、又タマキ、射具也。小手同」とある。これらから推して考えるに、「こて」の表記は早く「韝」に固定してそれが通常表記だったようだ。似たような道具を指す「とも」もあって、それに漢字を与えようとしたとき、「韝」は既に「こて」の訓で用いられていたので、「とも」の訓を負う国字「鞆」が作られたのではないか。

右のように推測して残る問題は、国字「鞆」の製作原理は何か、ということである。音と訓を有するのが漢字一般であるが、もっぱら和語を表記するために作られた国字は音をもつ必要がない。もっとも、「鳴・鯰・畠」の「デン・ネン・ハク」のように、後に音を獲得した、《擬似形声文字》とでも言うべき字がまれにはあるが。

とまれ、ほとんどの国字が会意文字の原理で作られていることも国字についての常識であろう。それらの中にあって国字「鞆」はいかにして作られたか。この問に対して、先師以前に言及のあったことをわたしは知らない。先師の推測は次のとおりであった。

「鞆」は形声文字。「革」が意符、「丙」が音符なのであろう。「丙」はpingの音を表わすのではないか。すなわち、漢字の原音を借りて、弓の弦が鞆に当たって発する音「ピン」を表わしたのであろう、と。

3　葛野郡葛野郷

大東急本・元和本は、和名抄郡部の「葛野」に「加止乃」の訓、高山寺本は郡名に「カトノ」の振仮名、郷名に「賀止乃」の訓があるが、ともに第二音節の清濁は断定できない。後年、カドノで呼ばれて現在に至るが、古代はいかに呼ばれていたのだろうか。

この郡郷名は、もと野の名称であったのが、行政単位の地名に転じたことはほぼ明らかである。『池邊考證』に掲げる資料によると、郡郷はもとより、県、河川、井、さらに氏族名まで「葛野」の文字一色で、たいそう安定した表記であったと見える。古事記中巻、応神天皇段の記事に「葛野」とあり、応神天皇が歌ったと伝える歌謡にも見える。

千葉の　加豆怒を見れば　百千足《ももちだ》る　家庭《やには》も見ゆ　国の秀《ほ》も見ゆ　（日本古典文学大系本『古代歌謡集』）

右の傍線部がもとの仮名表記で、対応する応神紀六年二月条の歌謡では「伽豆怒」である。かくて奈良時代にはカヅノと呼ばれていたことが分かる。第二音節の清濁が不明な和名抄の訓も濁音「ド」であっただろう。

そこで次は、第二音節のドからヅへの変化の問題が生ずるわけであるが、こちらにはさほど大きな困難はない。日本語史の教えるところでは、ウ列音とオ列音との交替は、かなり頻繁に見られた現象だからである。奈良時代には、ア列音とオ列乙類音との間にかなり規則的な交替が見られたが、ウ列音とオ列音との交替には、それほどの規則性は見られない。これを《音の変化》と言わず、《音の交替》と称するのは、新古の判断が難しかったり、一度変化しながら元に戻ったりするからである。

奈良・平安時代の例を少しあげ、語義と文法性を示すべく適当な漢字を括弧書きしよう。

コモリヅ／コモリド（隠処）　スグス／スゴス（過）
ツガ／トガ（栂）　タヅキ／タドキ（跡状・態）
ツブ／ツボ（壺）　フツクロ／フツコロ／フトコロ（懐）
マツフ／マトフ（纏）　マヅシ／マドシ（貧）
ムコ／モコ（婿）　ユリ／ヨリ（格助詞）

奈良時代の語例で特殊仮名遣の書き分けがあるばあい、オ列音は甲類が一般である。

右の挙例を見ると明らかなように、破裂音、特にタ・ダ行音の多いことが特徴である。破裂音は、調音の際に音の持続時間が短くて、聞き紛れることが多いからであろう。総体としては、規則性の希薄な音韻現象と判断されるゆえんであるが、「葛野」のカド・カヅがまさにその例である。だが、これでこの地名についての疑問がすべて解けたわけではない。

既に言われてきたように、和名抄の地名には原則として音訓を交ぜた表記はないと言える。公式地名における政府の方針が徹底したのだろう。工藤（1979）では、この郡郷名はともに正訓表記と見て特に取りあげることをしなかったが、近年発掘された平城宮木簡の二点に、従来知られなかった郡名表記が見いだされた。

甲　・進上葛濃郡　米□二石　十月十五日□
　　・和銅□年十月□九日　辰時
（『平城概報』廿五号 1992）

乙　□　年卅九
　　　　□□国葛濃郡
（『平城概報』卅三号 1997）

甲木簡は下端に穿孔があり、記載内容から推して荷札と考えられる。乙木簡はいわゆる二条大路木簡の一片で、同時に出土した膨大な木簡には、勤務評定に関わる文言が多く見える。乙木簡の「国」の上の文字は「山背」と推定されており、当該郡ということになる。下字の「濃」はノ甲類の音仮名で、「野」の表記と見て矛盾しない。上字の「葛」も音仮名なのだろうか。すると、二音節仮名で「カツ」と読むのが自然である。これでは記紀の歌謡のカヅノと一致しない。ここに至って考察は頓挫する。

古代、カヅラとよばれる物は二種類あった。ある種の蔓性植物の総称と髪飾りの一種とである。植物のカヅラのヅラはツルの交替形かとする（例えば『時代別国語大辞典 上代編』）のは自然な解釈だと思う。髪飾りのカヅラの語音構造を〔髪《か》－葛《づら》〕かとする解釈もまた妥当であろう。カヅラを右のように解釈すると、カは何かの接頭辞で、語の中核はツラに存する道理で、本来は〔カ－ツラ〕であったと考えられる。それを、この郡名表記では「カヅ（葛）ーラ」と分析して、ラを接尾辞として扱ったように見える。異分析である。接尾辞「ら」の用例は古代語には多くあって起こりうる現象である。

平城宮跡木簡の「葛濃」も「葛野」と同じに考えてよいだろうか。事はそう簡単には運ばない。確かに勤務評定のための考課木簡なら、さほど厳密な表記を志向せず、粗略な表記ですますこともあるだろう。だが、「野」をあえて「濃」に変えて書いていることは、書き手に音仮名で書こうという配慮があったらしいことを思わせる。かく言うのは、萬葉集には、東国地名「葛飾」に関わっていささか似た事情があるからである。

武蔵国の葛飾は、萬葉集の歌に十四、題詞・左注に三例見える。訓字表記は「勝鹿」「勝牡鹿」、音仮名表記は題詞の「葛餝」一例である。この「勝鹿・勝牡鹿・葛餝」から考えられる語形は当然「カツシカ」である。歌には、いずれも東歌で一字一音の仮名表記の五例があり、第二音節の仮名は、「都」が二、「豆」が三である。「豆」は一般に濁音に当てる仮名なので、これによると「カヅシカ」となる。なお、紀州本以後の萬葉集の写本は「過勝鹿真間娘子墓時、山部宿祢赤人作歌一首」〔431〕の題詞下に細字の注記「東俗語云可豆思賀能麻末能弖胡《かづしかのままのてご》」をもつ。現在の研究では、中央語と東国語で発音が異なっていたと考えるのが一般で、それは、現在の東国の音韻状況から古代の状況を推測しての処理である。

正式な表記は「葛飾」で発音はカツシカだが、現地の発音はカヅシカであった。しかも「葛」の訓はカヅラである。ここに二重の意味で「葛」の第二音節の清濁の自覚が曖昧になる契機があったことになる。つまり、この漢字の音と訓の近似性が加わって、東国の「葛飾」において、カツとカヅの懸隔が定かでない状況があったのではないか。山城国の葛野郡・葛野郷にも類似の事情、「葛」の音「カツ」と訓「カヅーラ」との交渉があった、というのがわたしの推論である。こうでも考えないと、この地名は解けないと思う。

この推論には、もう一つの根拠がある。やはり山城国乙訓郡の「物集郷」（訓は、高本が毛都米、東本が毛豆女）である。古代の資料に見る限り、この表記「物集」は揺れておらず、よほど早くに固定したとおぼしい。この郷名を訓字による表記と見ると、モノの下略とアツメの上略という極めて変則的な表記となる。先師は、漢字「物」の音モツ・モチと訓モノが音相において近く、「あつめ」は「あ－つめ」と分析しうるとし、「物」の訓「もの」の下略形「も」と、「－つめ」との複合形と解釈した。先師はまた、当時すでに地名の由来が忘れられていただろう、とも語った。

和名抄の地名には、成立が古くて原則では解けないもののあること、この「物集」が最もよい例だろう。また、当国愛宕郡の郷名と山陰道の国名「出雲」などは、上字「出」と下字「雲」が、イヅモとわずかのずれしかないので、かえって処理しにくい。このように語形と文字との関係が説明しにくいものはなおあって、早く古事記の上表文で撰録者の太安萬侶が「姓に於きて日下を玖沙訶《くさか》と謂ひ、名に於きて帯を多羅斯《たらし》と謂ふ、此くの如き類は、本の随に改めず」（日本古典文学大系本のよみ）と書いた「日下」「帯」がある。古代の地名では、「飛鳥」も解きえないこと、斯学にかかわる者の常識である。職業部に関わる「刑部《おさかべ》・丈部《はせつかひ》・服部《はとり》」をはじめ、「委文《しとり》・神稲《くましね》」、そして「楽前《ささのくま》」（但馬国気多郡）などもある。

この郡郷名について先師は、和名抄には原則として音訓交用表記の地名がないこと、タ行音は破裂音なので、ツ／トの交替は比較的起こりやすいと述べたが、明確な結論は出さなかったように思う。

4　葛野郡橋頭郷

諸本みな訓を缺く。和名抄の郷名で附訓の根拠を突き止めることは難しい。読みにくい固有名に読み仮名を施すのは現代生活では普通のことである。古代の日本人とても、そのような固有名には困ったはずで、正確に読まれることを期待して附訓しそうなものだ。和名抄でも山城国の物集・出雲・相楽の訓はそうした配慮かと思う。だが、大江・川島・田邑などの附訓はそれでは説明できない。さて、この郷名「橋頭」はさほど難しくは見えないが、これをためらうことなく声に出して読める現代人は多くないだろう。

江戸時代の地誌『山城志』はその郷域を未詳としたが、『地名辭書』は渡月橋あたりとしてハシモトと読み、『地理志料』も佐比川の橋畔に存したことに由来するとしてハシモトと読むが、現在の京都市南区の唐橋のあたりとする説を採った。『角川辞典 京都府下』はこれを立項しないが、角川書店『古代地名大辞典―本編―』(1999)には「はしもとのごう」で立項している。『地名大系 京都市』は理由を述べることなく「はしもと」の訓を与えている。このように、先行する諸書はその郷域の推定には熱心であるが、郷名の読み方には無頓着である。はたして「はしもと」の訓は確かなのであろうか。ここには、漢字の和訓に関わる厄介な問題が立ちはだかっている。

まず、和名抄と延喜式で「橋」を前項にもつ地名を探すと、「橋頭」はこの郷のみで、ほかは次の三つしか見えない。

橋門郷（紀伊国那賀郡）　橋鹿郷（播磨国賀茂郡）　橋本駅（遠江国敷智郡）

これでは訓の決め手にならない。一方、「はしもと」の側から迫ろうにも、この語の仮名書き例は古代文献に見いだせない。辛うじてこれに準ずるかも知れない文字列「大橋之頭」が、萬葉集高橋連虫麻呂歌集所出の長歌「見河内大橋独去娘子歌」の反歌に見える。

Ａ　大橋の頭尓家有者まかなしくひとり行く子にやど貸さましを〔1743〕

原文のままに掲げた第二句について、校本萬葉集で写本の訓を見ると、「ほとりにいへあらば」「はしにいへあらば」が相半ばする。字余りを厭わず九音の訓を許す前者と、初句の「はし」との重なりを厭わぬ後者とに分かれるのである。現代人の語感ではいずれも採れない。

現在は、橘千蔭『萬葉集略解』の呈示した「つめにいへあらば」の訓が流通している。この訓を支えるかに見える用例が古代の歌に僅かながらあるからである。B・Cの釈文は日本古典文学大系本による。

B　打橋の　集楽《つめ》の遊びに　出でませ子　玉手の家の　八重子の刀自　出でましの　悔はあらじぞ　出でませ子　玉手の家の　八重子の刀自　（日本書紀・天智天皇九年童謡）

C　竹河の　橋のつめなるや　橋のつめなるや　花園に　はれ　花園に　我をば放てや　我をば放てや　少女《めざし》伴《たぐ》へて　（催馬楽「竹河」）

Bによると打橋で集楽の遊びが行われたことになり、Cによると橋のつめに花園があったことになる。Bの釈文「集楽《つめ》」は次の萬葉歌に拠るのだろう。

D　住吉《すみのえ》の小集楽《をつめ》に出でてうつつにも己妻《おのづま》すらを鏡と見つも〔3808〕

原文「小集楽」に対する訓「をつめ」は平安時代から存する。Dの左注に、郷里の男女が集まって野遊したときの歌だとあるが、「橋」は見えない。B・Cの「つめ」は橋に関わる語であるが、Dの訓によると、衆庶の集まりの意味でしかない。断定はしがたいが、「つめの遊び」は、男女が橋のたもとに集まってする遊びを言うのだろう。そして、かかる所に形成された聚落に発する郷名が「橋頭」なのだろう。さて、そのような地点を「つめ」と言うのはなぜか。

Aの解釈に、萬葉集のほとんどの注釈書がB・Cを引くのは当然である。そのうちのいくつかを覗いて見よう。日本古典文学大系本は「橋のたもと。ツメはツマ（端）の転」と注し、新編日本古典文学全集本は「このツメは行き詰まった所」と注し、伊藤博『萬葉集釋注』は端《つま》と同根として「際《きわ》、行き詰まった所」と注する。現代語訳は一様に「橋のたもと」である。これによると、ツメ・ホトリ・キハが類義の関係にあること、そして現代語のタモトに相当すること、ハシも類義であることが言えそうである。その類義語のうちの二つ、ホトリとハシが古写本の訓に現われたわけである。橋の端に聚落が発達して郷を成したという意味で、この郷名「橋頭」は「はしばし」と読めないわけではない。萬葉集の多くの写本で、Aの大橋の「頭」に「はし」の訓を与えているのはそれに相当する。現代人の語感ではそれが受け入れがたいことは右に述べた。

『釋注』が語釈に敷衍した「際《きは》」はどうだろうか。今も水際・山際・壁際などの複合語が行われるので、考察には都合がいい。「水際」が水に沿った陸地を指し、「山際」が山稜に接した空を指し、「壁際」が壁に近い位置を指すことから分かるように、「橋ぎわ」は橋近の土地を意味すると言えるだろう。したがって、橋に近いところに発達した郷名として、「橋頭」を「はしぎは」と称することがなかったとは言えまい。だが、「頭」の字を「きは」と読んだ例には接したことがない。

しからば、「橋頭」の郷名は何に拠るのか。先師の説を受講ノートから写す。

シナ語に「橋頭」はあるが、「橋本」はない。古典語に「橋畔、橋辺、橋側、橋外」などが見え、現代語に「橋口」がある。「橋つめ」は萬葉集にあり、その仮名書き例が天智紀の童謡、催馬楽「竹河」に見える。『大和地名大辞典』では、橋爪と橋本が同数くらい存在する。ハシモトだったら、和名抄では「橋本」と書いたのではないか。

つまり、先師の考えは「橋つめ」説なのであった。私見もそれに就くのであるが、右に見たように「つめ」の語義からして、郷名の「橋つめ」の由来を明快に解きえないうえに、「頭」の訓「つめ」の根拠を突き止め得ていない。消去法で到達した結論に過ぎない。なるほど、萬葉歌Aには「はしのつめ」と読むべき「橋之頭」があったので、この郷名には「頭＝つめ」の関係が成立しているようにも見える。

歴史学者は、古代の葛野郡には渡来人が多く居住しており、平安遷都を促す力になったという。そう考えると、郷名表記に彼らの母語の干渉する可能性もありえただろう。「橋頭」を「はしつめ」と読むと、「橋＝はし」「頭＝

つめ」のように見える。だが、渡来人たちはそれを二語に分節してそれぞれの漢字を当てたのではなく、「はしつめ」という和語に、漢語「橋頭」を当てたのではないか。

三首の歌の「つめ（頭）」は「つま（爪）」の母音交替形だとするのが大方の解釈である。動詞「詰む」の連用形名詞と解釈する人も多い。奈良時代、建物の側面を意味する「つま」を、正倉院文書に仮名表記した二例が知られる。だが、動詞「つむ／つまる」の用例は平安時代も後期にしか見ない。漢字「詰」は、責・難・禁などの意の文字であって、いま行われる「詰める」はこの字の日本的な用法である。新撰字鏡・類聚名義抄・色葉字類抄に「詰む」相当の字は見いだせない。今昔物語集に三回だけ見える動詞で「つむ」は、いずれも片仮名表記である。つまり、平安時代には、安定した漢字表記をもつことがなかったように見えるのである。

奈良時代に漢字「頭」で表記して「端」の意味を担った「つめ」に対して、日本では適当な漢字を長らく用意することがなかったらしい。名義抄・字類抄・和玉篇でも、「頭」の訓は「ほとり」である。それが萬葉歌Ａの写本の訓に反映していることは既に見た。先師が引いた『大和地名大辞典』に見え、また現代のわたしたちがすぐに思い浮かべる「橋爪」は、窮余の策として民衆に選ばれた文字であったのだろうか。「爪」が「端《つま》」と同根であったにしても、中世の日本語を書き記す文字としては、既に離れすぎていると言えよう。

さて、地名辞典の多くが採る訓「はしもと」を先師はなぜ拒否したのだろうか。詳しい説明はなかったので、その根拠を推測してみよう。先に、「橋」を上字にもつ地名に遠江国敷智郡の「橋本駅」を挙げておいた。これは『吾妻鏡』建久元年十月・十二月条に見える駅名である。換言すると、地名としての「橋本」の初出は鎌倉時代だということである。これは何を意味するか。一方、「本」を下字にもつ地名を『池邊考證』の第二字索引で見ると、郡・郷・駅・里を合わせて延べ六十ほどが拾える。最多は坂本、次いで山本、岡本、以下は一例か二例で、栗本、槻本、榎本、松本、神本、森本、磐本、木本、田本、風本である。これらの地名は遅くても平安時代中期には成立していた。「風本」は壱岐国壱岐郡の郷名の高山寺本の表記だが、他の諸本の「風早」を採る。「岡本」を「岳本」と書いた例もある。

辞書で確かめるまでもなく、基礎日本語とも言うべき「もと」は、その対語「すえ（末）」が端的に示すように、地面に近い植物の部分をさす意義がもとで、それが抽象化して根源・根拠を指し、さらにある点を基準にしてその周辺を指すに至った、と言えよう。古代の地名で、榎などの樹木、坂などの地形、さらに森・磐などについて用いられたのは、そのように理解することができる。

「橋」は山坂のようには上下とも本末とも把握できるものではなく、樹木や磐のように基準点に用いるにも適しない。それが、古代に土地の名として「はしもと」の用いられにくかった原因ではなかろうか。わたしの思索もそこで止まっている。

5　葛野郡櫟原郷

諸本に訓を缺く。地名の由来を「苺子《イチゴ》の野生するより起る者ならん」とする『地名辭書』の説は論ずるに及ばない。『地理志料』はイチヒハラと読み、イチヒの注に、和名抄果蔬部から崔禹食経の「櫟子、相似大於椎子」を、用明紀から「赤檮」の訓注「伊知毘《いちひ》」を引き、萬葉集の「市柴」の「市」すなわち「櫟」とする。ここに言う萬葉集の「市柴」は次の歌の第二句に見える。

大原の此市柴乃いつしかとあが思《も》ふ妹《いも》にこよひ逢へるかも〔513〕

この句は次の「いつ」を導く序詞として用いられたので、「いつしば」「いちしば」二つの訓が伝えられた。萬葉集には、「五柴原のいつもいつも」〔2770〕と、「いちしろくこの五柴に」〔1643〕の例もある。よって、イツかイチかは古代語の母音交替例として処理する説が多い。細部には議論すべきことが残るが、この歌の第二句の「市」を三音節の「櫟《いちひ》」で解くのは無理である。

『池邊考證』に挙げる櫟原郷の用例は左記のとおりである。

櫟原郷　三代、元慶五、九、廿七。
　　権記、長保四、三、廿五。
櫟原野　後紀、弘仁四、十、丙戌（類史）。
いちはら野　恵慶法師集。

なお、『平城概報』廿一号（1989）に発表された荷札木簡に「櫟原白米一石」の文字があり、その「櫟原」は当郷を指す蓋然性が大きいと見られている。

『角川辞典』『地名大系』ともにこの郷名を「いちはら」と読み、さらに天長五年作成と推定される山城国葛野郡班田図（お茶の水図書館蔵）によって、京都市右京区の嵯峨野あたりを郷域と判断している。なお、『角川辞典』は「いちはらがり　市原里」を古代条里の里名として立項し、正和五年の山城国上桂荘実検取帳（図録東寺百合文書）に、楢原里など他の九つの里名とともに記されることを挙げ、西京区「桂上野の東あるいは北東方付近などに比定される可能性がある」とする。明言してはいないが、「市原」が「櫟原」郷のなごりの里名だというのだろう。

『池邊考證』に挙げた日本後紀弘仁四年十月条は嵯峨天皇の櫟原野遊猟を伝える。「丙戌。遊猟于櫟原野。賜侍臣及山城国司布被」の十八字の記事に、その位置や行程を推測させる材料はない。『角川辞典』『地名大系』は、この「櫟原野」を近世の地誌に言うように、古代の愛宕郡にあった「市原野」とした。『角川辞典』には、「いちはら　市原〈左京区〉」を立て、「市原野ともいい、櫟原野・一原野とも書く。鞍馬川・静原川の合流点よりやや南に下ったところに開ける山間の平地。鞍馬街道が北上する」などの説明のもとに、下位項目として、「〔古代〕市原野」「〔中世〕市原野」を載せている。これを和名抄の葛野郡櫟原郷に当たるとはせず、現在の京都市左京区静市《しずいち》市原町に当たると解したのである。

これは日本語史学の視点から考えてみる必要がある。当郷を平安時代中期の狩猟の場と見なして不都合な点があるだろうか。類聚国史の巻卅二で、桓武天皇から光孝天皇までの六代の遊猟記事を見よう。地名の同定が難しいので概数でしか言えないが、約二百卅回の遊猟の地は約卅ヶ所である。そのうち、郷名と郡名が同じなので郡家郷かと推測される交野（17。括弧内の算用数字は出現回数）のほか、栗前野／栗隈野（34）、栗栖野（5）、葛野（2）、岡屋野（1）、山階野（2）、葛葉野（1）、石作丘（1）などは和名抄に郷名が見える。したがって、弘仁四年十月丙戌の櫟原野の遊猟地が櫟原郷内にあって不都合な理由は見当たらない。それなのに、この「櫟原郷」を考証もなしに愛宕郡域の「市原野」と断定した旧説は、イチハラとイチヒハラとの間の違いを見ようとしなかったからであろう。

「櫟原野」表記のある古い文献としては、もう一点、中山忠親の日記『山槐記』の治承三年五月廿五日の条が知られている。

巳終刻参鞍馬寺云々、於櫟原野河辺避暑、未刻帰京。

夏の真昼の鞍馬参詣である。「巳終刻」に京を出発したのだとすると、帰路、河辺で暑さを避けたりして帰り着くまで三四時間を要したことになる。常識的な行程と言えるだろう。鞍馬詣での道の「櫟原野」として、愛宕郡の市原野を考えて不都合はない。この解釈には、「櫟原」の表記でイチハラ乃至イチワラと読まれていた可能性を言わなくてはならない。

語中のハ行音でも、複合語の後項の語頭では有声音化しにくいが、有声音化していても構わない。itiffara（イチヒハラ）を起点とする変化の過程は次の二つくらいが考えられる。

一　ヒの促音化を経てイチハラに転じた　itiffara → itiffara → itifara

二　ヒが有声音化を経て落ちた　itifara → itiwifara → itiifara → itifara
三　ヒとハの有声音化を経てｉが吸収された　itifara → itiwiwara → itiiwara → itiwara
いずれの過程によっても、日本後紀の弘仁四年から三百六十年余を経た治承三年の時点では、「市原」と「櫟原」が同じ音形でよばれる可能性は十分にありえたのである。

古今著聞集・巻第十二に、「鞍馬まうでの者、夕暮に市原野を過ぎけるに」、盗人に着衣を奪われて傷を負うたことについて、三井寺の法印慶算が詠んだ歌「ゆふ暮に市原野にておふきずはくらまぎれとやいふべかるらん」を挙げる。また巻第九の「源頼光鬼同丸を誅する事」に、「くらまのかたへ向て、一原野の辺にて便宜の処をもとむるに」とある（日本古典文学大系本）。前者の歌の第二句が字余りでないことは、「いちはらの」であったことを意味すると考えられ、後者の「一原野」も表記との間にずれはないと判断できる。むしろ、山槐記は「櫟原野」で「イチハラノ」を書こうとしたのだろう。

「いちはら野」の用例として『池邊考證』に挙げる恵慶法師集の用例は、「二葉なる野辺の小松にことよせて木高くならむ蔭をこそ待て」という歌の詞書き「人ともろともに市原野の子日に」に見えるものである。この歌集は十世紀から十一世紀にかかる時期の成立と考えられるので、イチヒハラが、右に推定したいずれの過程を経たとしても、イチハラに転じていたとは考えにくいので、これが和名抄の櫟原郷にあたる野である蓋然性は乏しい。「市原／一原」と解して、『池邊考證』から除くべきである。

この郷名について、先師の解釈はたいそう慎重であった。

「櫟」の種を特定し、それがシナでは何を指したかを明らかにすることはなかなか難しい。植物は特にそうであり、新撰字鏡の「櫟」の訓を見ると、天治本は「一比乃木」、すなわち「いちひ」であるが、享和本には「櫪、櫟同」として、訓は「久奴木」すなわち「くぬぎ」とある。イチヒは常緑喬木で実は食用、クヌギは落葉喬木で実は非食用、それほどに違う。恵慶法師集の「いちはら野」は愛宕郡に属する地名と見る。古今著聞集の巻九・巻十二の「いちはら」は、左京区静市町市原に相当する。とまれ、平安時代初期にイチハラとイチヒハラは混同しそうにない。

わたしは師の説に就く。要するに、『角川辞典』『地名大系』が、和名抄の郷名「櫟原」をイチハラと読み、日本後紀の「櫟原野」を「市原野」と解することは、日本語史学の視点から見ると、時代性を欠いた処理であるとせざるを得ないのである。

6　葛野郡綿代郷

「綿」は高山寺本・大東急本の文字で、元和本は異体字「緜」に作る。諸本に訓を缺くので、訓にも郷域にも諸説がある。郷名としての用例は、貞観十五年の広隆寺資材帳「葛野郡綿代郷戸主秦前大角」に限られる。『地理志料』は訓読みの「わたて」、『地名大系』は音訓交用の「めて」と読む。和名抄の地名に原則として音訓交用はないというのが先師の説であり、わたしも工藤（1979）でそれに賛同する見解を述べたように、できれば音訓交用の読みは避けたい。先師の説はこうであった。

「綿代」を音読すれば「メデ」であるが、「綿」を音仮名に用いることは極めてまれなので、訓読して「わたしろ」とするのが自然であろう。

日本語史学のたちばからこれに補足しよう。まず音仮名「綿《め》」のこと。大野透『萬葉假名の研究』には、「綿」の音仮名としての用例は、応神紀の歌謡の三首に限られるとある。「こはだをとめを」の原表記二例「古破儾塢等綿塢」と、「かめるおほみき」の原表記「伽綿蘆於朋瀰枳」である。いずれも巻第十にある。大野氏は、この仮名が選ばれた事情も推定しているが、断定的なことは言えない。ここでは日本書紀の極めて特殊な音仮名が、和名抄の地名表記に用いられたと考えることは難しい、とだけ言っておこう。

音仮名「代《で》」も類似の状況である。やはり大野透氏によると、万葉仮名の用例は、大宝二年、筑前国島郡川辺里戸籍の女性名、宇代売・蘇代売・刀良代売・宿古代売と、続日本紀の宝亀元年七月十八日条に、「筑前国嘉麻郡人財部宇代」が見える。後者を、新日本古典文学大系の続日本紀は「ウテ」と清音に読んでいるが、大野氏は、この「宇代」は、戸籍の「宇代売」に当たるとして濁音デと読むべきだとした。筑前国の女性名以外では、萬葉歌で助詞「まで」を義字的に「萬代」と書いた三例〔17・87・228〕がある。

下字に「代」をもつ和名抄の郷名四十二のうち、「代」をデの表記に用いた蓋然性があるのは、印代（伊賀国阿拝郡）、涓代（伊勢国飯野郡）である。かくて、「綿代」はメデの表記であるよりも、「わたしろ」の表記の蓋然性が大きい、とわたしも考える。

7　愛宕郡愛宕郷

諸本、郷名に訓「於多支／於多木」、郡部の「愛宕」にも「於多支」の訓がある。「宕」は〔当〕韻、喉内入声音字なので、古代の地名として第三音節はギと読める。

愛宕郷は愛宕郡の郡家の所在地と考えられる。この郡郷名には二様の表記がなされており、『池邊考證』には、神亀三年計帳から三代実録元慶八年十二月廿五日条までの「愛宕郡」の用例八点、天平廿年四月廿五日の造寺所公文の「愛當郡」を挙げている。さらに、「乙訓郡」条に引いた長屋王家木簡の「乙當郡」も加えることができる。ほかに、次に掲げる寺社名・山名も加わって複雑な様相を呈するので、古来、言及されることが多かった。

阿多古神社　延喜式神名帳（丹波国桑田郡）

愛宕寺　日本紀略天長三年六月

愛當護神　三代実録貞観六年五月、神護寺鐘銘

右の用例から分かるように、寺社名はアタゴ、郡郷名はオタギなのである。

『地名大系 京都市』の「愛宕郷」には次のように書かれている。

愛宕郡の郡家の所在地であろう。平安京遷都以前は左京部分にも及んでいたと思われる。すなわち、平安京の造営によって消失したとされる「折田郷」（六角堂縁起）はオルタ郷またはオタ郷で、愛宕郷であった可能性がある。

平安時代後期の成立と言われる六角堂縁起の記述なら、参照に値するものである。だが、拠ったテキストを明かしていないので容易には確認しがたい。わたしは見うる限りのテキストに就いてその縁起を見たが、その記事は確認しえなかった。同書の「頂法寺」の項には「寺伝によると」として、聖徳太子が四天王寺建立の採材に当たって愛《お》宕《たぎ》郡土車里に来たとき、霊夢によって六角の小堂を建立したとする。

縁起ではなく寺伝に過ぎなかったようだが、近世の地誌には縁起とあってもっと詳しい。「新修京都叢書」第十三所収、正徳元年刊『山城名勝志』巻之四「六角堂」（翻刻）の項に、「縁起ニ云昔此地を山城国愛宕郡折田《ジタ》ノ郷土車の里と云」とあるのがそれである。欄外に他本による校訂記事「傍訓クジタ」がある。この記事はのちの地誌に受け継がれた。同叢書第六の安永九年刊『都名所圖會』巻一（複製）には縁起とせずに「其頃《そのころ》此所を山城折田《くした》郷土《がうつち》車里《くるまのさと》といふ」とあり、文久三年版『花洛羽津衣』六にもほぼ同文で見える。

結局、「折田」という郷がかりにあったとしても、その傍訓「クシタ／クジタ」の種姓は明かしがたい。とまれ、平安遷都以前の地名表記「折田」が担いうる語形はヲルタかヲリタであって、オルタ／オリタは仮名違いである。また、「愛宕」の文字列は、オルタ／オリタの第二音節の「ル／リ」を担いえない。かりにその音節が促音化していたと仮定すると、上字に無韻尾字「愛」ではなく、舌内入声音の文字が用いられたはずである。長屋王家木簡の

「乙當郡」は、上字「乙」の韻尾tと、下字「當」の頭子音tが重なるように用いた、いわゆる《連合仮名》による表記であって、奈良時代にはよく用いられた。また、下字に喉内入声韻尾のngを有する「宕」「當」が用いられたのは、この地名の語末音がガ行音であったことを含意する。したがって、日本語史のいずれの角度から見ても、「オルタ／オリタ」説の成り立つ見込みはない。

先師の説を要約すると、以下のとおりである。

表記を同じくしながら、郡郷名をオタギ、山名をアタゴと呼び分けていた。神社名の表記「愛當護」は好字を用いたものである。和名抄の郡郷名では、「愛」の字でエかアユを表記するのがふつうで、オに用いるのは異例である。ただし、a音を有する漢字でオ列音を表わすことがないわけではなく、「能」「乃」「台」などがある。漢字音がオ列音にふさわしい音からaiに変化したことが考えられ、「愛《お》」は呉音より古い漢字音を伝えるものだろう。高山寺本の郡名に「アタコ」の振り仮名がある。かなり古くから郡名を山名で読んだらしい。

先師は、右に紹介したように、漢字音における変化の結論を述べただけで、日本における受容過程の詳細には触れなかった。

万葉仮名は、その元になった漢字原音の変化を反映して、いくつかの層をなしていると言われる。その考察は、少しまとまった用例の得られる推古朝遺文から始めるのが一般である。当面の問題である仮名「愛」のように、師説の〔o→ai〕の変化が生じた漢字を見ると、漢土上古音〔之〕韻字のうち、中古音〔蟹〕摂字の該当することが分かる。すなわち、早く固定して用いられていた台《と》・乃《の》（推古遺文）、少し遅れて用いられた能《の》（古事記・萬葉集）、特定の文献に見られる廼《と》・耐《ど》・倍《ほ》・陪《ほ》・梅《も》（日本書紀）など、現われ方はさまざまであるが、いずれもオ列乙類またはオ列乙類相当の音節に用いられた。「愛《お》」は地名「愛宕《おたぎ》」にのみ残ったものらしい。

日本書紀にこの例が多いことは、この書の万葉仮名が漢音に拠るとする通説に適合しない。ところが近年、森博達氏によって、日本書紀の万葉仮名に新しい光が当てられた。その所説を一書にまとめた森（1991）は、日本書紀の歌謡と訓注に用いられた万葉仮名の字母に注目し、その字母の分布によって日本書紀三十巻を二つの群に分け、α群とβ群と名づけた。そして、その二群は執筆者が異なるというのである。オ列乙類音、甲乙の対立のないオ列音（森氏はこれをオ列一類音と称する）の仮名として用いられた字はβ群に著しく偏って出現する。しかも、同一の韻類が対立する複数の列音に混用されているという。それによると、エ列乙類音の仮名「愛《え》・開《け》・慨《け》・礙《げ》・倍《へ》・倍《べ》」としても、オ列音の仮名「苔《と》・苔《ど》・廼《ど》・耐《ど》・廼《の》・倍《ほ》」としても見える。古事記の仮名についての調査では、このような例は「倍・乃」だけであった。日本書紀ではα群が単一体系の中国原音（唐代北方音）に基づいているのに対して、β群は呉音を含む異なる字音体系に基づく仮名を混用している、というのである。なお、先に「綿代郷」で言及した、万葉仮名「綿《め》」を用いた歌謡三首も、巻第十すなわちβ群に属するものであった

かくて、「愛宕《おたぎ》」は他の郷の地名表記よりも少し古い時代の成立かという結論が導かれる。それは、この地の渡来人が早く定住したことと関連するのではないか。山や寺社の名の「愛宕《あたご》」は、郷名よりのちに名づけられたか、のちに漢音に読み替えられるかしたのだろうが、断定はしがたい。上字の「愛《お》」は、この郡郷名以外に例を見ない珍しいものだが、下字の「宕《たぎ》」も、この郡郷以外には、伊勢国壱志郡宕野《たぎの》郷だけに見える文字である。

8　愛宕郡鳥戸郷

高山寺本に「度利戸」、大東急本に「止利倍」の訓があり、本郷にはさしたる問題はない。『池邊考證』に挙げる用例は、「鳥部郷」が七つと存疑例が一つ、「鳥戸郷」が二、「鳥戸寺」が一である。この郷名が職業部の鳥飼部あるいは鳥取部に由来するだろうとは、諸家に共通する推測であるが、択一する手がかりはない。

延喜式諸陵寮条には、鳥部・鳥戸の双方の表記が見え、このころに文字の転換の起こったことを覗わせる。上代

特殊仮名遣で「部」はヘ甲類、「戸」はヘ乙類で出現したので、この転換の一因にその仮名遣の消失があったと考えられる。だが、原因はそればかりではないというのが先師の考えであった。すなわち左記のとおりである。

奈良時代、「部」は省画仮名「阝」でも書かれた。その「阝」から「卩」に、さらに「ア」に変わってゆく過程で「戸」に誤られたか。高山寺本の郷名は「鳥戸」であったかもしれないが、その訓「度利戸」の「戸」は、「ア」であったものに、後に点が加えられたのではないか。万葉仮名の「戸」はこの一例しか見えないからである。

9　紀伊郡深草郷

先師の講義は、当郷を論じた時間が最も濃密であった。それは無理もない。『地理志料』の開題の中で、該書の価値が『地名辞書』に優ることを述べ、この深草郷の考証に及んでいるからである。開題のその部分と受講ノートを要約して示す。

邨岡良弼は、深草の訓「不加乎佐」が「不加宇佐」の誤写であること、江戸時代の整版本の訓「不加久佐」は後人の賢しらであること、『和長卿記』に「後深草院」の「後」を音読みせず「のちの」と読むとあるのは、「後」を音読みすると、後深草はゴフカウサとなって「御不孝者」と聞こえるからだ、としている。そのころ深草がフカウサと呼ばれていたことを伺わせる記述である。が、良弼が誤写だとした元和本の「不加乎佐」の方がむしろ正しい。

日本霊異記の中巻第十二縁に、「時行基大徳、有二紀伊郡深長寺一」とある。この深長寺はフカヲサ寺と読むのだろう。この深草郷にあった寺の名「フカクサ」がウ音便化してfukausaになった。しかし、語中に母音連続の生ずることを避けてuをwoに変えたフカヲサデラと呼ばれた。その結果、「深長寺」と書かれるようになったのだろう。平安時代、母音連続を避けて、外来語でも子音や半母音を附した例がある。例えば「相違」を「さをい」と書き、「芭蕉」を「発勢乎波」、「襖」を「阿乎之」（和名抄）、「簫」を「世乎乃不江」（享和本新撰字鏡）と書いたものなどがそれである。『悉曇要訣』には「深草をフカウサといふ」とある。文字に引かれてフカクサに戻るのは、庶民に漢字が普及したのちのことだろう。

右に言う『和長卿記』は、後柏原天皇の侍読、大蔵卿・大学頭を勤めた文章博士、東坊城《ひがしぼうじょう》菅原和長の日記。長享元年（1487）から享禄二年（1529）まで、十五六世紀の交の学問思想界の動向を知るうえで有益な文献だと言われる。『地理志料』は当該条の結論を述べるだけで、日記の日付を記していない。宮内庁書陵部収蔵の六冊（延徳四年、明応二・五・六・七年、文亀三年）を通読しただけでは、そのくだりは見当たらなかった。『地理志料』以前にこの条を引いている『貞丈雑記』巻之二から、新訂増補故実叢書版によって、訓を省き、適宜に句読を切って掲げる。

一、後ノ字ノ事　和長卿日記曰、凡儒中故実者、天子之追号後ノ字用二音読一、大臣称号之時、後字用二訓読一、是通法之故実也。後深草院一号者用二訓読一云々。其様御不孝之読不二聞好一之義也。（以下略）

貞丈は本条の最後に「後深草院ヲノチノフカウサノ院トヨム習也。ゴフカウサト読ミテハ、御不孝ト云ヤウニキコエテワロキユヘ、ノチノフカウサトヨム也」と割書きしている。

『悉曇要訣』は平安時代の学僧明覚の著わした音韻学の書で、その晩年、康和三年（1101）ころの著作とされている。その巻第二、本朝の相通（現在のいわゆる音便）について述べたくだりを、大正新修大蔵経版から現行の仮名字体に変えて引くと、「深草ヲフカウサトイフ、ワラグツヲワラウヅト云フ、シタグツヲシタウヅトイフ。当レ知クウ相通也」とある。院政期には母音連続回避傾向が緩んでいたとも、常にフカヲサの形で実現したわけではないとも解釈することができる。

霊異記中巻第十二縁は蟹の報恩譚である。山城国紀伊郡の部内に住む慈悲ぶかい女人が、八匹の蟹を自分の着衣と交換に村童から救い、また妻になることを約束して蛇から蝦《かえる》を救った。娘が蛇の妻になることを父母が愁えて行基のもとに出向いて事情を話すくだりに、右に引いた記述が見える。

さきに紹介した『地理志料』の言及部分は三百字に満たず、わたしの受講ノートも簡単な走り書きなので、師説を正確に把握しているかおぼつかないが、どうも「深長寺」が霊異記本来の文字であったと言わんとする印象を受ける。しかし通説では、奈良時代、語中に音韻としての単独母音はなかったという。築島裕（1969）によると、平安時代の訓点に見える語中のウ音便の早い例として確かなものは、経典の訓に『金光明最勝王経』の「詣マウテ」（830）、『金剛波若経集験記』の「辧マウケ」（850）などがある。クのウ音便形は平安時代中期になって初めて現われ、「微」を「久波之宇須」と読んだ『周易抄』（900）の例が最古かという。古今和歌集巻第十に「秋近う野はなりにけり白露のおける草葉も色かはりゆく」という物名歌《もののなうた》がある。「秋近う」に「きちかう（桔梗）」を隠したもので、話し言葉で形容詞のウ音便が行われていた証拠とされる。この歌集は十世紀初頭に編まれた。

日本霊異記の成立については、下巻の序に「延暦六年」、同巻第卅九縁に、平安の宮に十年天下を治めた天皇つまり嵯峨天皇の記事があり、それは弘仁十三年を指す。そこで、延暦六年（787）が原撰本の成立、弘仁十三年（822）が増補本の成立かとする説が行われる。それによっても、霊異記著作時に深長寺が存したとして、それを深《ふか》草寺《くさてら》のウ音便と解くには、日本語史学の教えるウ音便発生期より著しく早い例になる。もっとも、語の複合の意識が緩むと、語構造の捉えかたが変わって異分析されることがあり、音韻変化の忍び込む契機がある。二音節語の深《ふか》と草《くさ》による最も安定した四音節語フカクサである。fukakusa 四音節の頭音はすべて無声子音であって、ku は無声音化しやすくはあっても、有声音化しやすい環境にあったわけでもない。複合語後項の語頭クのウ音便化は、いかにも早すぎる気がする。さらに興福寺の住僧景戒が隣国の寺号の崩れた呼び方を知り、自分の著作にあえてその形で記すか、という問題もある。かくて、ウ音便の一般化より遡ると考えることには不安が拭い難いのである。

ほかに解釈する手立てはないだろうか。いま考えられるのは、霊異記の「深長寺」は「深草郷」と直接には関わらないとする解釈が一つ。これには音読みと、訓読み「フカヲサ寺」の二つが考えられる。角川文庫版『日本霊異記』（板橋倫行校注）は「じんちやうじ」の音読みで、「太秦広隆寺の末寺に紀伊郡の法長寺が見え、深草寺ともいったと見える。その寺か」としたのが一つ。だが、「深草寺」がなぜ「深長寺」と書かれたかについては言及がなく、典拠も示さないので検証のしようがなく、のちの研究者も取り上げることがなかった。

広隆寺の歴史に関する研究書、林南壽《イムナムス》（2003）に就いて見ても手がかりが得られなかった。もっとも、その書の巻末の参考論著目録には、単行本が十六点、寺史関係でも三十一点が挙がっているので、全部を丹念に読んだら何か見つかるかもしれないが、今は判断を保留するほかはない。因みに、広隆寺に関する基本文献かと推測する、橋川正『太秦廣隆寺史』を国立国会図書館は収蔵しない。

残る説は、行基の伝記に基づくものである。唯一の伝本である『行基年譜』（続々群書類従）によると、行基六十四歳の天平三年九月二日に起工した「法禅院」が山城国紀伊郡深草郷にあるという。行基の伝記には不明な部分が多く、この年譜も誤写が多いとされるが、深草郷に複数の寺を建てることは考えがたい。その寺が行基への親しみをこめて所在地の名で、「ふかくさ寺」と呼ばれたことは十分にありうることである。この説に拠るには、厳密に言うと「深草」から「深長」への書き換え、あるいは誤写を言わなくてはならないが、それを証明する方策は何か。仮説を立てて考えるために、当郷の呼び方の変化の軌跡を概念化すると、次のようになろうか。

①　フカクサ（奈良時代から平安時代初期まで）
②　フカウサ（クがウ音便化した平安時代中期）
③　フカヲサ（右同期に語中ウ音を回避した形）
④　フカウサ（母音連続回避傾向が緩む院政期）

⑤　フコーサ（母音連続が長音化した室町時代）

⑥　フカクサ（文字によって回帰した江戸時代）

右には、②と③を分けて書いたが、この変化は踵を接して生じたとも、両形が併存していたと考えることもできる。⑤の「フコーサ」は、カウ→コーの変化によって、開長音で実現したはずである。高山寺本和名抄は平安時代後期から院政期に書写されたとする通説によると、それは④の時期に当たる。霊異記の中巻に院政期を遡る写本はない。すると、それ以前の伝写過程で「深長寺」の本文が生じていたと考えて不都合はない。平安時代初期の景戒による本文と見るよりも、ウ音便化後の③のころに書写する段階で本文に反映したと推測するのである。それが来迎院本霊異記に引き継がれた可能性を考えてよいだろう。

以上、日本霊異記が成立した時点で、深草寺が深長寺と書かれるような音変化が生じていたと考えるのは無理であること、院政期に書写され、来迎院本以前の本にその文字があった蓋然性を考えうることを述べた。この仮説の危うさをわたしは十分に自覚しているが、現在の材料で考えられる限りでの試解として提出するものである。『池邊考證』の当郷の用例は、欽明即位前紀以下、廿三例すべて「深草」であって、「深長寺」は見えない。著者は、これが深草郷と関連するとは考えなかったのだろう。しかし、右に推論した条件を附してその用例に加えるべきこと、そこへの道を初めに拓いたのが先師濱田敦であることも記憶しておくべきだ、とわたしは考える。

10　久世郡殖栗郷・羽栗郷

本条の見出しが変則的なのは、当郡の郷数・郷名・訓について、諸本間の異同が大きいことによる。初めに高山寺本と大東急本の字面をできるだけ忠実に掲げる。割注の訓を亀甲括弧〔　〕の中に書く。

《高山寺本》竹淵〔太賀布智〕　那羅〔奈良〕　水主　那紀〔奈关〕　久世　殖栗〔名栗〕　栗前〔久利久万〕　冨野〔止无乃〕

拝志

《大東急本》竹淵〔多加不知〕　奈美　那羅　水主　那紀　宇治　殖栗　栗隈〔久里久末〕　冨野〔止无乃〕　拝志　久世　羽栗

「栗」字の附く郷名の多いこと、ナ音を上字に有する郷名の多いことから、両本の違いは、目移りによる誤写によって生じたのではないかと想像される。

さて、殖栗郷・羽栗郷は古代文献にどのように出現するだろうか。長い引用になるが、『池邊考證』の全例に番号をつけて掲げる。

1　殖栗郷　正倉院丹裏古文書。
天応元、十二、六、奥書、題跋、1。
天平勝宝六、閏十、廿九、佛説灌頂経奥書。

2　列栗郷　弘福寺田数帳、天平十五、四、廿二。

3　竝栗里　山城国風土記逸文（天理本神名帳裏書）。

4　列　栗　安和二、七、八、法勝院領目録。

5　南郡社　山城国風土記逸文（天理本神名帳裏書）。

6　雙栗神　三代、貞観元、正、廿七。

7　雙栗《ナクリ》神社　延喜式神名帳（九條本）。

8　殖栗王　天武紀十一、六、癸酉。

9　並栗臣　弘福寺田数帳、天平十五、四、廿二。

10　殖栗連　新撰姓氏録、左京神別。

用例番号1・8・10に、殖栗郷が三例、殖栗王・殖栗連各一例あるが、「羽栗」は掲げていない。その代わりと言うべきか、列栗郷・竝栗里などがある。これは和名抄に見えない郷名であるが、いちおう「列栗郷」で代表させておこう。2と9、3と5は、それぞれひとつ資料の中に見えるものである。かくて、もともと和名抄記載の郷名は、殖栗・羽栗・列栗の三郷なのか、いずれか二郷なのか、いずれか一郷なのか、つごう七とおりの可能性が考えられる複雑な問題だということになる。

先ず1「殖栗郷」は、初出の天平勝宝六年の郷名から、この地を本貫とするらしい8・10の氏連まで表記が一定なので、奈良時代には確かに存在していたと考えていいだろう。

次に2「列栗郷」は、「弘福寺田数帳」の末尾の割書きにあり、当郷の戸主として並栗臣氏が数名見える。この地を本貫とする氏と見ておく。

3と5の風土記逸文の記事は左記のとおりである。

雙栗社　風土記　南郡社祇社　名宗形阿良足神　里號竝栗云々

「里號竝栗」が郷里制時代の呼称であることを伝え、「南郡」がナミ久リ（第三音節の清濁不明ゆえ万葉仮名「久」で書く方式を採る）の音仮名表記であり、それが6・7の「雙栗神」「雙栗神社」に相当すること、言うまでもない。かくて、現存諸本には見えない「並栗郷」がもともと存した郷名であることは確かであろう。

大東急本にのみ見える「羽栗郷」はどうだろうか。この郷名に関して古代文献で得られる手がかりは多くない。古事記孝昭天皇段に「羽栗臣」、新撰姓氏録の左京皇別に「葉栗」、続日本紀宝亀七年八月八日条に「山背国乙訓郡人外従五位下羽栗翼賜姓臣」とあるなど、いずれも氏の名として見えるのみである。『地名大系京都府』は、これをもって羽栗郷の郷域とするが、そこまで踏み込むことをわたしはためらう。『地名辞書』は、延喜式の雙栗神社が「今佐山村大字佐古に在り、然らば羽栗は佐栗の誤にやあらん」と推測するが、そうするには、『池邊考證』の

2から7までと9の「並栗」類も誤写とする勇断が必要になる。雙栗のままに伝えられた社名の「雙」が、ある時点で音読みされ、「サウグリ」の重箱読みを生み、それがさらにサグリに変化したと見るべきである。

『地名大系』は、明治十六年の『久世郡神社明細帳』に羽栗・殖栗両郷に鎮座する社ゆえに命名されたと説明し、昭和三年の『佐山村郷土誌』には、羽栗から双栗に転化したとする、という。いずれも古代文献の「雙栗」を無視したことになるので採ることはできないし、天平期から存する殖栗郷についても説明がつかない。後者は、その転化が文字の上に生じたのか、音声の上に生じたのか、その経過が説明できず、臆測の域を出ない。

『地理志料』は、この郷名の「雙」が俗に「双」で書かれ、それが「羽」と似ているので、「羽栗」は「双栗」を誤写したもので、「奈美久利」と読むべきだとした。これに近いたちばを採るのは、日本古典文学大系本の『風土記』（秋本吉郎校注）である。すなわち山城国風土記逸文の「竝栗」の頭注に、「和名抄の郷名に羽栗とあるにあたる（羽栗は竝栗の誤写か）」とある。『池邊考證』の解釈はこれと対蹠的で、巻末の註に、秋本氏が「竝栗」かとした郷名は「殖栗」に当てるべきものと断じている。池邊氏がかく断じた意図と根拠がわたしには分からない。池邊氏の記述は、右に見た3乃至7の竝栗里・雙栗・南郡の存在を無視することになりはしないだろうか。

なるほど、平安時代初期まで郷名として文献に残るのは殖栗だけなのだから、それは厳密な態度と言えるかもしれない。しかし、奈良時代には確かに郷里名「列栗」があって神社名も伝わり、地名も十世紀後期の安和二年まで残っているのだから、「列栗」が郷名として続いたと考えて不都合はない。よってわたしの結論は、奈良時代の「殖栗郷」こそ後に消滅したのであって、「列栗郷」は長く存したと考える。『池邊考證』と対照的なのは『地名大系』で、「殖栗」も「なくり」と読んでいる。だが、この訓の根拠は不明である。

諸本間の文字のずれを、わたしは次のように考える。高山寺本の「殖栗名栗」は、本来、二字の郷名「双栗」であったが、「ナミ久リ」から「ナグリ」に転じて「名栗」と書かれた。それが「殖栗」の訓に紛れたのは、もとより「殖」の字の偏と「名」との類似による。大東急本の「羽栗」は、『地理志料』に言うように、「雙栗」が「双栗」と書かれて字形の類似から誤写されたものである。

「羽栗」氏は実在したが、郷名はなかった。「殖栗郷」は奈良時代以降、次第に衰えていった。「列栗郷」は古代以来の郷名であるが、そこに鎮座した神社も入れると、上字が並・列・竝・雙・双・南と多岐にわたった。簡略な「双」で書かれたことがかえって語形変化を促したこともあったが、和名抄原本には記載されていた。これがわたしの結論である。

11　綴喜郡甲作郷

正倉院文書の奴婢帳に「甲作里」二例、続日本紀に「山背甲作」一例が見えるだけの郷名である。『池邊考證』にはこの三例のほか、次に論ずる「甲（伽和羅）、崇神紀十年」も掲げている。江戸時代の地誌は、遺称地として、田原郷の符作村を当てる（山城志）ほか、現在の田辺町に当たる河原村（山城名勝志）などとした。谷川士清『日本書紀通證』（1762）は後者に同じく河原村とし、いにしえは皮を用いて甲を作ったから伽和羅と言うので、甲と瓦が同じなのは、鱗と甲が似ているからだとした。『地名辭書』の「蓋田辺村を云ふ。今田辺の東に大字河原《カハラ》あり。甲は古言カワラと云ひ、甲作《カワラヅクリ》の部民此に住したるか、武埴安彦の族党なるべし」も、谷川説を受けたものである。『地名大系』も、古くは甲を皮で作って「かわら」と呼んだとして、郷名を「かわらつくり」と読んでいる。右の諸書の記述で、「甲」は「よろい」を意味し、読みは「カワラ」だというのである。

甲作郷を河原村に比定する根拠は、右に引いた『地名辭書』に見える崇神紀十年九月、武埴安彦謀反の条による。このくだりには、那羅山《ならやま》、挑河《いどみかは》→泉河《いづみかは》、羽振苑《はふりその》、糞褌《くそはかま》→樟葉《くすば》、我君《あぎ》など、山城国南部の地名起源説話を多く含む。その一部、武埴安彦の軍衆が敗れる際の記述を、日本古典文学大系本の訓読文で見る。

乃《すなは》ち甲《よろひ》を脱きて逃ぐ。得免《えまぬか》るまじきことを知りて、叩頭《の》みて曰はく、「我君《あぎ》」といふ。故《かれ》、時人《ときのひと》、其の甲を脱きし処を号《なづ》けて、伽和羅《かわら》と曰ふ。

同地に関わる別の地名起源説話が仁徳即位前紀にも伝えられている。大山守命が皇太子を殺して帝位を奪おうとしたとき、計画を聞いた皇太子の策略にかかり、乗船が顛覆して水に沈んだ。その屍を探したところ、「考羅済《かわらのわたり》」に浮いていたという。これは古事記では前代の応神天皇段の説話になっており、鉤《かぎ》で屍体を探したところ、衣の中の鎧《よろい》に掛かって「訶和羅」と鳴ったので、そこを「訶和羅之前《かわらのさき》」と名付けたというのである。地名起源の話としては、鉤が鎧に当たった時の擬音語によって地名カワラが起こったと伝えるに過ぎない。この擬音語カワラについては、工藤（1998）に、琴歌譜の「天人の　作りし石田は　いなゑ　石田は　己男《おのを》作れば　かわらとゆらと鳴る」をめぐって、農具の刃が石に当たると解して不都合のないことを述べ、そのついでに訶和羅之前にも触れることがあった。この説話は、鉤《かぎ》も甲《よろい》も硬質の物だからこそ成立する話である。古くは甲を皮で作ったからという諸説の説明は通らないだろう。

初めに引いた、後世のいくつかの説話は、その「カワラ」を「カハラ」と結びつけたものである。勿論、擬音語のカワラと河原のカハラは第二音節の子音の有声と無声の差でしかないので、その蓋然性を否定し去ることは難しい。しかし、『日本書紀通證』の「甲云二加和羅一瓦亦同レ名」、それを受けた『地名辭書』などの説を肯うことはできない。大陸から将来された「瓦」は、九世紀初頭の文献に「カハラ」の訓で見えている。「甲作」がカワラツクリであったら、平安時代中ごろに生じた体系的な音韻変化、いわゆるハ行音の転呼で、カワラツクリになった「瓦作り」とのあいだで同音衝突を生じたはずである。しかし、この二語のあいだにさような現象があったということを、わたしは知らない。

右の訓読文には「甲」を「よろひ」と読む。これは『地理志料』の説、すなわち、和名抄調度部に唐韻を引いて

「鎧、甲也、和名与呂比」として与呂比都久利と読んだことに尽きる。甲作郷はヨロヒツクリ郷であって、カワラツクリではない。『池邊考證』の資料の挙げ方は、当然「甲作」をカワラツクリと読んだことを意味する点で不適当なのだが、カワラツクリの用例としてこれを挙げるなら、仁徳即位前紀の「訶和羅」も、古事記応神天皇段の「訶和羅之前」も挙げるべきであったということになる。

12　相楽郡蟹幡郷

高山寺本では当郷以下の三つの郷名を欠く。この相楽郡は七郷から成るので、一行に四郷ずつ書写した本で、後の行の三つがそっくり脱落したことになる。

大東急本の訓「加无波多」は、これが和名抄編纂時の訓とは断じえないが、カンバタと呼ばれた時期があって、いま山城町に残る綺田《かばた》と考えられている。『池邊考證』には十の異なる表記のもとに十七の用例を挙げた。用例は豊富で、日本語史の観点からもほぼ自然に説明できるので、この郷名は近年さほど議論されることがない。だが、わたしにはまだ分からないことがある。諸書の記述と重なる所が多いが、経過をおおまかにたどる。

垂仁紀三十四年三月条、天皇が山背国に幸したとき、山背大国不遅《おほくにのふち》の女《むすめ》に「綺戸辺《かにはたとべ》」という佳人があると聞き、それを得たいと思った天皇は遇うことを「祈《うけ》ひて」、それが実現すると後宮に入れた。これより先に天皇は、山背の「苅幡戸辺《かりはたとべ》」を娶って三人の皇子を得ていた。つまり日本書紀では天皇が娶った山背の女は「綺戸辺」と「苅幡戸辺」だというのである。古事記垂仁天皇段では系譜のくだりに、これが山代の大国ノ淵の二人の女「苅羽《かりは》田刀辨《たとべ》」「弟《おと》苅羽田刀辨」姉妹となっている。なお、『地名大系』の当郷条に、日本書紀の綺戸辺・苅幡戸辺を「姉妹」としているが、現存の日本書紀にそう書いた伝本はない。とまれ、この女性名が当郷の地名に関わるだろうとは大方の説である。

「綺戸辺」の「綺」は、新訳華厳経音義私記に「綺加尼波多」と見える。この和訓は、岡田希雄（1940）に従ってカニハタと訓ずる。これは、郷名「蟹幡」の表記が成立した時点の語形と考えられるカニハタと合致する。織物の一種の「綺」がカニハタと呼ばれるゆえんは、紋様が斜行する織物だから、と諸注に言うとおりだろう。廿巻本和名抄の錦綺類の「綺」に、「於利毛能《おりもの》、又一訓加无波太」「似錦而薄者也、釋名云、綺、棊也、謂方丈如棊也」とある。訓「加无波太」はカムバタで、カニハタの転であろう。日本書紀撰述の時期、「綺戸辺」は「カニハタトベ」と呼ばれていたことになる。

なお、古事記開化天皇段に、皇子の日子坐王が娶った山代之荏名津比売《やましろのえなつひめ》のまたの名を「苅幡戸辨」と伝えている。山代の苅幡戸辨なのだから、垂仁天皇条の二人と同じ資格で当郷との関わりを追及すべきだとわたしは考えるが、『池邊考證』はこれを挙げていない。記紀間の異同について、日本古典文学大系本『日本書紀』垂仁紀の「綺戸辺」の補注と「苅幡戸辺」の頭注に「紛らわしい」とあるのは無理もない。

これらの関係については、本居宣長『古事記傳』（1798）が詳しい。古くはカリバタと言ったのがカニバタ（郷名「蟹幡」）に転じ、さらに音便で「加牟婆多」になったとした。その経過を岡田希雄は、ニとリとはしばしば音通することで知られる音だとした。その根拠が早く本居宣長『地名字音轉用例』（1800）に述べられていることは周知の事実である。すなわち、その「ンノ韻ヲラノ行《リ》ノ音ニ転ジ用ヒタル例」として、讃良（サララ）・播磨（ハリマ）・平群（ヘグリ）・八信井（ハシリヰ）・駿河（スルガ）・群馬（クルマ）・敦賀（ツルガ）・訓覇（クルヘ）・訓覓（クルベキ）を挙げた。八信井は萬葉集の例〔1113〕で、地名と言えるか否か微妙である。播磨は宣長の誤認だ、と先師は言う（1959）。これらをn―rの相通と認めるか否かについては議論がある。わたしもその議論に加わり、工藤（1990）でそれを認めていいと書いたので、ここで詳しくは述べない。とまれ、古代日本語で、地名の表記においては、n―rの相通が生じていた節はあるのである。カリハタ・カニハタをこれで解くことに大きな不都合はない。

わたしは次のように解釈する。このくだりは、古事記の伝承が日本書紀より古いと考える。二人は地名「カリハタ」を名に負う姉妹で、妹は接頭辞「弟《おと》」を冠して呼ばれていたが、第二音節リがニと聞こえることがあり、次第に紛れてカニハタの形でも実現し、それは姉の呼称になった。姉妹を接頭辞の有無で区別するよりも、別の名で呼び分けるほうが自然だからである。カリハタと別れたカニハタは、舶来の高級織物に関連づけて文字化された。天皇が「祈《うけ》ひ」までして得ようとする佳人に「綺」の字はふさわしい。当郷の郷名「蟹幡」は「綺」を二字に延べて成立した表記であろう。

音節「ニ」が語中において撥音に転じやすいことは日本語音韻史のイロハである。平安時代初期の撥音便は、厳密にはm音便とn音便を区別すべきであるが、この郷名のばあい、第三音節「ハ」が前の音の撥音化に応じて「バ」に変化した段階で、その子音は当然「m」で実現していたはずで、訓の万葉仮名の細かな詮索は不要である。

これで紛らわしさは解消したかというと、さにあらず、この郷名の由来も知りたい。宣長は『古事記傳』垂仁天皇段でこれに言及し、綺は古くはカリバタであって、それがカニバタに転じ、再転してカンバタになったとしている。音韻変化の結果と解釈するのだが、綺の古い語形をカリバタと設定する点は私見と異なる。

以上のほか、萬葉集歌に無視できない用例がある。詠歌の状況を示すために、贈歌・題詞・左注ごと、新 日本古典文学大系本によって挙げる。

天平元年の班田の時に、使《し》葛城王の、山背国より
薩妙観命婦《さつのめうくわんみやうぶ》等の所に贈りし歌一首 芹子《せり》の裹《つと》に副へたり

あかねさす昼は田賜《た》びてぬばたまの夜の暇《いとま》に摘める芹これ〔4455〕

薩妙観命婦の報贈せし歌一首

ますらをと思へるものを大刀佩《たちは》きて可尓波《かには》の田居に芹そ摘みける〔4456〕

右の二首は、左大臣これを読みきと云尓《いふことしかり》。左大臣はこれ葛城王。後に橘の姓を賜はりしなり。

葛城王は、橘諸兄の臣籍に下る前の名。この時は左大弁で山背国の班田司として、十一月に始まった班田業務に従っていた。諸注は「可尓波」を自明のように蟹幡とするが、わたしにはそれが理解できない。答歌の地名は「カニハの田居」だが、当郷の名は「カニハタ」であって、異なるからである。

解釈の可能性は二つあると思う。一つは、当歌の作者薩妙観が、班田の業務に引っ掛けて地名のカニハタを「カニハ－田」と分解して詠んだという解。薩妙観の歌には戯笑性が感じられるので、この解はありえなくもないだろう。古事記垂仁天皇段の姉妹の名カリバタは、その表記から「苅羽－田」と分析する可能性を残していたかもしれないし。だが、垂仁紀の表記はその可能性をすでに失っていた、とわたしは考える。それに、この解は想像の域を出ない。

もう一つの解は、答歌のカニハは当歌と無関係な別の地名だとするものである。その「カニハの田居」に関わりそうなのに、『古事記傳』『地名辭書』『地理志料』は引くが、『池邊考證』など近年の諸注は採らない地名がある。古事記安康天皇段で、大長谷王によって父の市辺王が殺害されたことを知った二人の王子、意祁《おけ》王・袁祁《をけ》王が、針《はり》間国《まのくに》に逃れる途中で食事した「山代刈羽井」である。この表記から見て、カリハヰが「カリハ－ヰ」と理解されていたことは疑いない。日本思想大系本『古事記』が「刈羽井」の頭注に「神名帳の山城国綴喜郡に樺井月神社。今、京都府城陽市水主の付近」とするのがそれである。『古事記傳』は「樺井月神社」について、続紀・続後紀・三代実録・臨時祭式などにはただ樺井神社とあることを指摘している。新 日本古典文学大系本『続日本紀』大宝元年四月丙午日条には、山背国葛野郡「月神樺井神…」を「つくよみのかみ・かにはゐのかみ」と訓読し、脚注に「月

（読）神以下…」とあり、補注に「月神　神名式では月読神社」、「樺井神　神名式、綴喜郡に、樺井月（読脱か）神社。今城陽市水主にある。続後紀承和十二年五月乙卯条に使を遣して祈謝した記事がみえる」とある。これらの状況証拠から樺井月神社は「読」字の脱落したことがほぼ明らかである。この神社名「樺井」が「刈羽井」に由来する蓋然性は極めて大きい。それは、延喜雑式に、毎年仮橋を架けるという条文中に「山城泉河樺井渡瀬」とある「樺井」に当たるだろう。

すなわち、薩妙観の歌のカニハは、相楽郡の蟹幡ではなく、綴喜郡の地名だったという解である。これが、当郷の初めに記した、わたしの分からないことの一つであった。

いま一つ分からないことがある。延喜式神名帳の相楽郡「綺原坐健伊那大比売神社」である。『池邊考證』はこれを用例に挙げ、九條本・金剛寺本の傍訓カムハラを添えている。他の諸注も同じようにこの神社を用例とする。当社が現に蟹幡郷の遺称地「綺田《かばた》」にあるのでそれに問題はないのだが、語形、特に第四音節「タ」と「ラ」の差について一言あるべきだが、わたしはまだそれに接したことがない。

右に言及したほかの用例については、日本語史の視点から無理なく説明することができるので、あえて触れることはしない。和名抄郷里部の記載順に論じた先師の講義は、宇治郡で終わった。翌年は別の講義がなされたので、この郷名について師の見解は聞くことができなかった。師の犀利な分析を是非うかがいたかった。

13　相楽郡祝園郷

前項に述べたように、高山寺本は当郷も載せていないが、当郷に関わる資料は古代から近代まで切れることなく見えるので、存否については議論の余地がない。わたしがここで取り上げるのは、一つの小さな問題ゆえである。

当郷の前身は、崇神紀十年九月の武埴安彦《たけはにやすひこ》謀反の条に、彦国葺《ひこくにぶく》軍が埴安彦軍を破ったとき、「屍骨《かばね》多《さは》に溢《はふ》りたり。

故、其処《そこ》を号《なづ》けて羽振苑《はふりその》と曰ふ」（新編日本古典文学全集本）とある。記紀の伝承は、一つの地名「はふり」を同音異語の動詞「はふる」で説明しようとする興味ある事例であるが、今そこには踏み込まない。いずれにせよ、後代の人たちが嘉字「祝園」を選んで郷名にした心情は十分に理解できる。当郷の大東急本の訓「波布曽乃」は、延喜式神名帳「祝園神社」の九條本の訓「ハフソノ」と一致する。ハフリソノがハフソノに変化する過程で、当然「リ」の促音化が起こったはずだが、日本語の表記史で促音の表記は特に遅れたので、この訓が促音形か否かは分からない。

「ははそのもり」という地名がある。『能因歌枕』の「国々の所々の名」山城国条にこれを挙げ、『和歌初学抄』『和歌色葉』に受け継がれて、歌枕「ははその杜」が成立する。古代の和歌では、ハハソ（柞）すなわち後世のクヌギやコナラの紅葉の名所として詠む伝統があった。その杜を当郷の祝園神社とする説が行われて現在に至る。ひとたび歌枕として定着すると、類型表現の中で詠まれるのが和歌史のつね、「ははその杜」もその例に漏れなかった。

今回、数十点の注釈・辞典・地誌・歌論書を見たが、江戸時代以来の「ははその杜＝祝園」説がほとんどであった。この解が正当なら、平安鎌倉時代の歌人たちが、音形を無視して「はふその」を「ははその」と詠み、しかも、郷名「はふ（祝）－その（園）」の語構造を、「ははそ（柞）－の－もり（杜）」と同じく解していたことになる。はたしてそのようなことがありうるだろうか。これによく似た異分析、前項で「カニハの田居」を「かにはた」として「蟹幡」に結びつける解を、わたしは否定したばかりである。

当郷の表記「祝園」は平安時代以来変わらず、その音形だけが変わった。その変遷過程の概略を「柞」のそれと並べて図式化してみよう。

	祝園	柞
Ⅰ期	ハフリソノ	ハハソ

Ⅱ期　ハフッソノ　　ハハソ
Ⅲ期　ハフソノ　　ハハソ
Ⅳ期　ハウソノ　　ハワソ
Ⅴ期　ハウソノ　　ハウソ
Ⅵ期　ホーソノ　　ホーソ

大東急本の訓「波布曽乃」がいずれの期の語形であると限定はできないが、平安時代中後期と見て大きな誤差はないだろう。ハ行転呼音形のⅣ期はほぼ平安時代後期ないし院政期、Ⅴ期は鎌倉時代ころと考える。「ホーソノ」の形はおそらく室町時代に始まるだろう。こうして二つの語を並べてみると、その違いは明らかで、鎌倉時代以前の言語生活で紛れることはなかっただろう。

そのことが証明できる一つの根拠がある。『新編国歌大観』に拠って勅撰集から数首の歌を引いて掲げる。

　むすめの冊子書かせける奥に書きつけける　源国義妻
このもとにかきあつめつる言の葉をはゝその森のかたみとはみよ　（詞花集）

　母身まかりて後よみける　賀茂遠久
たちよりて時雨もしばしすぐすべきははその森の陰だにもなし　（続千載集）

　母の思ひにて侍りける時、藤原景綱がもとにつかはしける　前大僧正禅助
忘るなよははその森はかれぬとも下葉に残る露のゆかりを　（新後拾遺集）

右の例で分かるように、古代中世和歌で「ははその杜」を詠むとき、「ははそ」に「母」を懸けることが多かった。そして、「母」は転呼して「ハワ」になることはあったが、「ハウ」になることはなかった。「ちちはは」という対語の均衡が崩れるからであろう。したがって、和歌の詠作でハハソ（柞）とハウソノとは紛れることがなかったは

ずである。少なくとも、この時期の和歌において、ひとつ地名を読み込んだとする解釈の無理は歴然である。

歌枕は、実際の地形や位置は関心の外に置かれるので、その地の実態をうかがうには散文に就く方がよいのだが、この地名の散文の古い例はまれで、更級日記に見るのが最初の記述であろうか。その終わり近く、初瀬再訪の途中に「山しろのくにはゝそのもりなとにもみちいとおかしきほと也」（御物定家本）とある。菅原孝標女のこの旅から半世紀のちの永長二年（1097）、堀河天皇は、春日行幸の途次この杜に寄っている。『中右記』三月廿七日の条にはその行幸の子細が記録され、「見波々曽乃毛利乃南乃駄餉所云々」とある。新千載集の権僧正永縁の歌にも「奈良へくだりけるに、ははその森をすぐとてよめる」と記されている。これらの散文の中にも、「ははその杜」が祝園神社の杜であるという記述はない。

江戸時代の地誌には、具体的に村里の所在を記して、この杜に言及するものが見えてくる。十七世紀末には成立していたと推定される北村季吟の『菟藝泥赴《つぎねふ》』が最も早いようだ。巻八の「柞の森」の条に「下狛につゝきて南にはふぞといふ里もあり杜も有也」「羽振苑とかきてはふぞとよむ」「柞の里のうへにはゝぞ山有」と見える。ここでは郷名「祝園」の第四音節が落ちて樹種の「はふぞ」と同じになっている。新修京都叢書に拠った右の引用には、両語の第三音節が濁音表記されている。この樹種の方言を『日本方言大辞典』によって検すると、わずかに熊本県に「ハザコ」、福井県越前に「ホーザ」が見えるのみで、濁音表記は疑わしい。かりに、季吟が書き留めたその音形で実現したことがあったとしても、「ハフゾ」「ハハゾ」に共通するなら、事情は同じなので、ここでは無視して構わない。

契沖の著作にも幾つか見える。『勝地通考目録』に「山城　祝園《ハヽソ》相楽」とし、『和字正濫抄』の「は」部に「祝園はふその」とし、「はゝそのもりとよむもこゝなり」と書いて、記紀の説話に簡単に言及する。契沖の『和字正濫抄』を批判した橘成員の『倭字古今通例』に即座に反論した『和字正濫通妨抄』の「はゝそのもり」条の記述は最も詳しく、「柞杜　今云、すなはち神名帳に、祝園神社とある所なり」のほかに次のような記述がある。

和名には、祝園の下に波布曽乃とあり、祝の字によれは、はふりそのなるを、名のなかけれは、りを略せるなり。は、そのもりといふは、ふとはと通はして、は、そといふ木あれは、それにいひなせるなり。の、字、そのの下ののなれは、今ひとつ、のをそへて、は、その、もりとこそいふへけれと、よこなまりて転するにや、かやうの事おほかり。（『契沖全集』による）

説明が詳しくなるにつれて的をはずしていった。いささか激していたか、碩学契沖にしては不覚の誇りは免れがたいだろう。

そうした説が行われる中にあって、万治年間刊の山本泰淳『洛陽名所集』（1658～1661）は異色である。「柞《は、そ》の森《もり》山」条に後拾遺集の堀河左大臣の歌などを挙げるが、「此所はさだかならず」と率直に疑義を呈したのである。その疑義をさらにはっきり述べたのが正徳元年（1711）刊の白慧『山州名跡志』である。その巻之十六から「柞杜《は、そのもり》」条の前半を引く。

在《リ》二右同所寅卯間《トラウノ》山下《ニ》一　杜下《モリノシタニ》　有《リ》レ塚《ツカ》（四字略）先人所《ノ》レ書《スル》　山城名所記ニ此《ノ》杜ヲ云《ヒ》テ。祝園《ハフソノ》ノ神社ノ杜也トイフ。是字《ジ》訓《クン》相《アヒ》似《ニ》タル故ニ。此ノ今案《コンアン》ヲナセリ。（新修京都叢書）

「右同所」とは、加茂郡加茂町の西端の柞山を指す。柞山が古代以来存したか否か、わたしは知らない。しかし、江戸時代に広く認められてきた、「柞の杜＝祝園神社」を否定する説がここに登場したのである。

古代中世の和歌に詠まれた「ははその杜」は、いずこの里にあるとも明らかにされていなかった。それにも関わらず、音韻のずれ、語構造の違いを無視して、柞の杜すなわち祝園なりとする説に叛旗を翻したのが白慧なのだが、わたしの見ることができた現代の注はすべて旧説に戻っている。

なお、『地名大系』に「羽振苑が転じて祝園になったとされる」とある。これは、「転じて」すなわち自然な変化と解釈したのであるが、じつは、神亀三年の口宣などに従って、嘉字「祝」を含む漢字二字に意改したのだろう、とわたしは考えている。

【文献】

工藤力男（1979）「言語資料としての和名抄郷名―音訓交用表記の検討―」（『岐阜大学教育学部研究報告・人文科学』第廿七巻）
森　博達（1991）『古代の音韻と日本書紀の成立』（大修館書店）
築島　裕（1969）『平安時代語新論』（東京大学出版会）
林　南壽（2003）『廣隆寺史の研究』（中央公論美術出版）
工藤力男（1998）「象徴詞と接頭辞―ぬなとももゆらに考―」（『萬葉』百六十六号　萬葉学会）
岡田希雄（1940）「新譯華厳経音義私記倭訓攷」（京都大学国文学会）
濱田　敦（1959）「播磨国名考」（『地名学研究』十二号　日本地名学研究所）
工藤力男（1990）「木簡類による和名抄地名の考察―日本語学のたちばから―」（『木簡研究』十二号　木簡学会）

◎本章の原論文は、「和名抄地名新考」、「同（二）」、「同（三）」と題して『成城文藝』百八十三号（2003）、百八十六号（2004）、百八十七号（2004）に掲載された。

第二章　大和国

1　添上郡

「添」は、大和の六つの御県の一つでもあったので、古くからの用例が多く残っている。その表記も、訓字の「添」のほかに、音仮名の「所布」「曽布」「層富」が見える。「そふ郡」が二つに分割されて、その一つが「そふのかみのこほり」と称されたことは疑いない。その分割時期は不明だが、大宝律令の施行時期ではないかとするのが一般である。「添上郡」は日本書紀欽明元年に見えて大宝年間をはるかに遡るが、これは日本書紀編纂者の潤色と解する説が多く行われる。

『池邊考證』以後に発見された資料がある。「長屋王家木簡」の副題をもつ『平城概報』廿三号（1990）に紹介された木簡である。釈文は左記のとおりである。

・藻（ママ）上郡十六斤山辺郡卅二斤式下郡二百斤　〔表〕

・右二百卌八斤　〔裏〕

冒頭の「ママ」と傍書された釈文は、渡辺晃宏（1990）にも同じく載っており、『古代地名大辞典―索引・資料編―』（角川書店 1999）には、その傍書のない形で載せている。報告者も疑念を傍書「（ママ）」に込めたのだろうが、それ以上の議論がなされたという話は聞かない。無論、奈良時代の「藻」の日本漢字音を仮名に移すと「サウ」であり、しかも音節末のウは鼻音をもって発音されたはずである。一方、「添」の奈良時代の訓は「ソフ」であって、この二つは似ても似つかぬ語形を有していた。

この木簡は変色しているとはいえ、墨痕はおおむね読みとることができる。その概報の図版でもおおよそ判読できるので、おもての面の冒頭三字のそれを掲げる。

図2（画像提供　奈良文化財研究所）

偏は縦の直線の下端を右上に勢いよく跳ねたようで、とても三水には見えない。草冠の下は「久」と見るのが自然だろう。その下は「小」の第三画の右にさらに一点を加えた形、すなわち「忝」の意符「心」に同じと推読できる。すると、旁に草冠はあるが、この木簡の筆者は「添」を書こうとしたのではなかろうか。草冠があるからと言って、「品」も「木」も見えないのに、これを「藻」と読むのは強引ではあるまいか。むしろ、「添」と書こうとしながら、誤って草冠を加えた形に書いたと考える方が自然だと思える。というわけで、わたしは、奈良時代の郡名表記例から「藻上」は削除すべきことを主張したい。

なお、『古代地名大辞典―本編―』（角川書店　1999）の「そうのあがた　添県〈奈良県〉」の項に、語源について、「鉄錆のある池」、またはソブはソバの転で「自然堤防」とする説などがある、という『古代地名語源辞典』を引いている。これは、「ソフ」の語形を無視した無理な説である。

2　添下郡鳥貝郷

高山寺本・大東急本ともに「鳥貝」の表記に「止利加比」の訓を附す。そこで、「鳥見」の誤写とする『地名辞書』『地名大系』などの多数派と、「鳥貝」のままで解く『地理志料』『池邊考證』の少数派とに分かれる。当郷についてはこの点だけを論ずる。

『池邊考證』は『地名辭書』の誤写説について、訓が「高山寺本に明記されているので、疑問である」とした。『地理志料』は、筑後国三瀦郷の鳥養郷を例として、古事記垂仁天皇段、本牟智和気御子が飛ぶ鳥の声を聞いて言語を獲得するに至った説話によって「鳥取部、鳥甘部」ほかを定め、それが日本書紀に「鳥養部」と見える根拠だとする。現行の記紀の注釈書は、今に残る地名から、これらの部が大和・摂津・遠江・淡路・筑前・筑後などの国に設置されたとする。ここ大和では、当麻町大字竹内の小字「鳥飼」を指すのだろう。『地名大系』によると、内閣文庫蔵大乗院文書の「三箇院家抄」に「葛下郡廿五条十里卅五坪　字北飼」とあるのがそれだという。

『池邊考證』には、和名抄に記載しない郷名「(登美郷)」として、鳥見・登美・登彌・迹見の表記をもつ多くの用例を挙げた。これほどの間接的な証拠を挙げながらも、「鳥見」からの誤写としなかったのである。和名抄の一つの有力な写本の郷名表記と訓が一致するのだから、疑う余地なしとするのも無理はない。間接証拠あるいは状況証拠なら、逆の見方もできるかもしれない。というのは、添上・添下両郡は御県の地であったからか、大和国の中心として開けたらしく、両郡の郷名を記した文献は多く存するのに、鳥貝郷についてはそれが一つも残っていないのである。反対に、和名抄に郷名のない登美郷の用例が、『池邊考證』に十三も見つかる。これはいかにも不自然だということである。

右は間接証拠についての論であったが、直接証拠を探してみよう。灯台下暗し。ごく簡明な証拠があるのである。

「鳥貝」が鳥飼部に由来する郷名ならば、何ゆえに「飼／甘」などの正訓表記をせずに、「貝」の借訓表記をしたのかということである。これほど明らかな命名の経過があるのに、訓を借りて表記すべき理由は見いだすことができない。反対に、トミの名で呼ばれて幾とおりかに書かれた文字から、古事記にも用いられていた好字「登美」が選ばれたと考えることは不自然ではない。

歴史と言語、二つの視点から見て「鳥見」郷の誤写としていい、わたしはそう考える。

3　葛上郡上鳥郷・下鳥郷

高山寺本・大東急本ともに「上鳥」「下鳥」とあるので、この標目で掲げたが、『池邊考證』には、「古代郷名集成」註八に諸資料と諸説を挙げて、判断の難しさを語っている。それを簡潔に示す。

下邊（平安遺文）
下島（大日本古文書、東南院文書之二）
下鳥（和名抄《高山寺本》《大東急本》）
下鳥（『地理志料』）
下皃《かも》（『地名辞書』）

東南院文書の写本は影写本ではないので、決定は原本かマイクロフィルムによらなくてはならないが、右のいずれとも読めるのだろう、と池邊氏は言い、下皃郷《しもつかも》とする今谷文雄「賀茂朝臣と下皃郷」（『日本歴史』百廿五号1958）を紹介した。

今谷氏の論は明快である。承和十三年と十四年の東南院文書に「下皃郷戸主賀茂朝臣真継戸口同姓成継辞状偁云々」「東限公畠幷大和国葛下郡下皃郷戸主賀茂朝臣真継戸口同姓成継家地云々」とある。それが「葛城の賀茂の旧家である賀茂氏の居地を実際に明証する史料として珍重すべきもの」で、「京都と朝廷の官人となっていた賀茂氏一族が、本貫を大和の故地に置いて、宇治附近に家地を持っていたことにも興味がある」と述べている。今谷氏は状況証拠から「下鳬」説に立ったわけである。なお、平安遺文をすべての版について見ることはできず、その必要もないが、初版（1947）の「下邊」が、新訂九版（1992）では「下島」となっている。

新たに長屋王邸跡から出土した荷札木簡がある。

1　葛木上郡鴨里米一石（『平城概報』廿一号 1989）

2　葛木上郡賀茂里米一石（同右）

3　葛木上郡鴨里米一石（同右 廿七号 1993）

1と3は同文であり、内容は三点同一である。奈良時代、この郡にカモという里があり、「賀茂」とも「鴨」とも書かれていたことは確実である。池邊氏の疑念はこれで解消したと言ってよいだろう。その里が二つに分かれたとき、上下をそれぞれに冠称するにあたって、一般的な「鴨」ならぬ「鳬」字を選んだようだ。日本語学のたちばとして考えるべきは、「鳬」が「かも」の訓を負うて用いることがいかほど流通していたか、である。

漢字と和語のあいだにおける植物名の同定が難しいことは、山城国葛野郡櫟原郷の条に師説を引いて述べたが、動物名についても同じことが言える。「鳬」は江戸時代以降「けり」の訓をもつが、中世以前は「かも」が普通であったようだ。古辞書を検すると、色葉字類抄・類聚名義抄にカモを見る。さらに遡って和名抄には「鴨、野名曰鳬、家名曰鶩、鳬鷖、加毛」とある。萬葉集では五つの歌に助詞「かも」の訓仮名として用いられている、その内の一首を末句だけ原文のまま引く。

舟泊ててかし振り立てて廬りせむ名子江の浜辺過《すぎか》不《て》勝鳬《ぬかも》〔1190〕

この歌は、類聚古集には「島」の文字で「すきかさぬしま」の訓がある。古葉略類聚抄には訓だけだが、「スキカテヌシマ」とあって、末尾の文字が「島」になっていることが知られる。他の歌では「鳥」に作る写本もあるが、誤写はごく少数の写本に限られる。訓仮名としての用例数は「鴨」に比ぶべくもないが、「凫」の字にも「かも」の訓が定着していたことの何よりの証拠だと言える。

右のような事情を背景にして、「凫」で「かも」を表記したことは確かだと考えるが、一般的な「鴨」を排してこの文字を選んだ理由はまだ分からない。

4　宇陀郡伊福郷

新撰姓氏録の大和国神別によると、当郷は伊福部連・伊福部宿祢の居住地と考えられる。この郷名をいかに読むかということは、歴史学や地理学ではほとんど無視してよいだろうが、日本語史学のたちばでは、いささか気がかりな問題である。

和名抄に見える六つの「伊福部」のうち、二つに「以布久」「伊布久」の訓があるので、諸書は他の郷もおおむねイフクと読んでいる。『地名大系 広島県』だけはイオキゴウと読んでいる。奈良時代、例えば大宝二年の御野国山方郡三井里戸籍に、伊福部大庭の児、五百木部恵良売があるように、同じ時期に「五百木」を「伊福」と書くことがあったのである。

和名抄撰述の時期はどうであったかとなると、問題は一挙に難しくなり、簡単には結論が下せない。和名抄で訓のない「伊福」にもイホキの可能性がある、と慎重な立場を表明するにとどめるほかはない。

5　城上郡辟田郷

当郷について『池邊考證』は、三種類の訓字表記「引田朝臣」「辟田首」「曳田神社」など、しめて九つの用例と、古事記雄略天皇段の歌謡から、仮名表記「比気多」を引く。これだけ資料が揃っているので、近年はほとんど論ぜられることがない。

旧説にはまず、古事記の引田部赤猪子に関する本居宣長『古事記傳』の「神名帳大和国城上郡に曳田神社あり。此地に因れる姓なるべし」がある。続いて、ヒラタと読んだ『大和志』（1736）、ヒケタ・ヒキタと漢字の右と左に附訓しながら「辟田を引田とよむこと其例稀有なり」「辟田即ヒラタと訓むか」とした『地名辭書』、「慶安本、旁訓比良多、説文、闢、開也、正韵、闢本作レ辟」としながら、萬葉集巻第十九の辟田河、歌詞の「左岐多《ママ》」〔4158〕によって「サキタ」を考慮すべしという『地理志料』がある。

近年の記紀の注を見比べるために、引用末尾に符号を括弧書きして引こう。

　引田《ひケた》は地名。和名抄、大和国城上郡に辟田郷。神名帳、同郡の曳田神社は、桜井市白河にある。三輪氏や阿倍氏に、それぞれ引田と名乗る一族がいるが、引田部はどちらの部民か未詳。（A）

日本思想大系本『古事記』の引田部赤猪子の頭注で、「引田」「辟田」同訓と判断したことを語る。なお、この本の訓読では上代特殊仮名遣の甲乙類を平仮名と片仮名で区別し、歌謡の万葉仮名表記「比気多」によって、右に引いたように「ひケた」と振仮名している。が、ここではそれを区別する必要がないので、以下には仮名の書きわけをしない。

続けて日本古典文学大系本『日本書紀』の推古天皇廿年是年条、辟田首《さきたのおびと》の頭注を見る。

　姓氏録、大和国諸蕃に「出レ自二任那国主都奴加阿羅志等一也」とある。（B）

次に、同書天武天皇十三年五月廿八日条の三輪引田君難波麻呂《みわのひけたのきみなにはまろ》の頭注を見る。

　大和国城上郡辟田（ひきた）郷（今、奈良県桜井市初瀬付近）に居住し、曳田神社（同市白河）の祭祀にあたった氏族であろう。（C）

これを整理すると、AとCが「引田＝辟田＝曳田＝ひけた」であるのに対して、Bは「辟田」と「引田・曳田」を結びつけていない。BとCは同一書なのに、解釈が異なるのはなぜだろう。

『池邊考證』は三種類の訓字表記を並べただけで、読みかたには言及しないが、「辟田」はヒキタかヒケタと読んだのだろうし、ヒキ／ヒケは「辟」の漢字音によったのだろう。「伊福」の「福」がフクともホキとも読まれたように、古代には二音節の万葉仮名として、何種類かの音形で用いられることが少なくないので、それはありうる形である。だが、音仮名「辟」と訓字「田」による音訓交用表記は、和名抄地名としては異例に属するものであった。

「辟田」郷について、音訓交用を避けた読み方を探すと、Bが「辟田首」を「さきたのおびと」と読んだように、サキタ郷が最も自然である。そこで顧みられるのが、旧注の『地理志料』である。右にも引いたように、著者は越中の国守大伴家持の一連の歌に注目していた。ほかに「辟田乃河瀬」〔4156〕、「辟田河」〔4157〕、そして「左伎多《さきた》河」〔4158〕がある。これは、「辟」が、奈良時代に動詞なら「さく」の訓で用いられたことを語っている。「きりひらく」意をもつ漢字「辟」が「田」と結びつく契機は十分にある。「辟」の古訓には、「はる・ひらく・たとひ」などが見えて、「さく」は一般的だったとは言えないようだが、越中の国守の歌の「辟田」は当国で行われていた用字だろうから、当郷も「さきた」を排除して「ひきた／ひけた」と読む必要はないわけである。つまり、日本古典文学大系本『日本書紀』のBの解釈が妥当だったという結論になる。因みに、『日本古代人名辞典』「さ」の部に「辟田在嶋」「辟秦法麻呂」「辟秦諸上」の名が見える。

日本語学のたちばから言えることは以上である。ついでに歴史学の領分に一歩踏みこんで気づいたことを記しておく。先に引いたBは、新撰姓氏録によって辟田首の出自を任那国として、大和国諸蕃に置かれているとある。Aには、引田部は阿倍・三輪両氏のいずれの部民か不明だとしているが、姓氏録では、阿倍氏は皇別、三輪氏は神別である。よって、引田部氏と辟田氏を一つに考えることは、出自からして無理だろうと思う。

かくて、『池邊考證』に挙げた本郷に因む用例のうち、有効なのは推古紀廿年と姓氏録大和国諸蕃の「辟田首」の二例だというのが、わたしの結論である。

6　城上郡忍坂郷

高山寺本・大東急本ともに「忍坂」に作り、訓はそれぞれ「於佐賀」「於佐加」とある。元和本は「忈坂」に作り（「忈」は「忍」の異体字）、訓は「於佐加」である。三本の訓はオサカで一致していることになる。『池邊考證』に挙げた用例廿一のうち、訓字表記は地名・人名・神社名・陵墓名など「忍坂」「押坂」「践坂」の三種である。記紀の仮名書き「意佐賀」「於佐箇」各一例によって問題がないように見えるので、現在これが議論の対象になることはほとんどなく、歴史学・地理学上の疑念はないと言えよう。本稿であえて取りあげるのは、日本語学の側から当てた光に浮かびあがる小さな疑問ゆえである。

その疑問を考える前に、資料について処理しておくべきことがある。『池邊考證』に挙げた仮名書き例は三つ。右に引いた記紀の二つのほかに、和歌山県隅田八幡宮の国宝人物画像鏡の、「癸未年八月」で始まる銘文に見える「意柴沙加宮」である。これは従来「オシサカ」として引かれてきた。写真によっても字形は明瞭で、その第二字は確かに「柴」と読める。ならば、これは「オササカ」と読むべきなのに、従来はそれを不問のままに議論してきた。「オシサカ」と読むなら、「柴」は「紫」の誤刻とすべきである。

さて、記紀の仮名書きは「オサカ」と読むことを求めるので、右の画像鏡銘文の「オシサカ」から促音便化して生じたと考えられる。それが促音便の発生と変遷について考える恰好の材料になり、日本語音韻史に関心ある人々が注目してきた。促音便は九世紀後半には多く出現するが、八世紀初頭の記紀の例は際立って早い例になる。促音の表記は音便のうちでも最も遅れたので、記紀の仮名書きも促音の無表記と解釈することもできる。一方、平安時代の多くの訓字表記「忍坂」「押坂」は「オシサカ」とも読むことができる。そこで、この郷名については、オシサカ・オッサカ・オサカのうちの一者独立だったのか、二者並立だったのか、三者鼎立だったのか。

この郷名に限られるわけではない。現代語においても、無声子音と狭母音からなる「シ」に同じサ行音が下接するばあい、その声の「聞こえ（sonority）」は極めて曖昧にならざるをえない。例えば現代語の「お師匠さん」なども、「師」が明瞭にシと発音されてオシショウサンで実現したのか、促音を含むオッシヨウサンだったのか、もっとぞんざいなオッショサンだったのか、オショサンだったのか、判別することはかなり難しい。

古代は知らず、時代が下るにつれて識字率が高まり、次第に文字に即して読まれることも多くなったであろう。また、郷や村の名としてではなく、特別な遺跡などに冠するばあいでも、実現する語形は変わることが考えられる。『地名大系』によると、当郷の遺称地にある「忍坂三号墳」はオッサカと呼ばれるのに対して、式内社に比定される「忍坂坐生根神社」、舒明天皇の「忍坂内陵」はオシサカと呼ばれている。あとの二者は恭謙の気をもって呼ばれるのであろう。

江戸時代に流通した和名抄の版本では、「恩坂」の文字が多かった。本居宣長以来、これは「忍坂」の誤りとして退け、『大和志』（1736）にも、恩坂は廃せられて忍坂《ヲシ》村存す、とある。現在も「忍坂」の表記で「オッサカ」と呼ばれる事実から推して、江戸時代もかなり下るころまで、人々が現実に呼んでいた「オッサカ」の促音を「恩」の字で表わそうとしたのではなかろうか。

訓字表記の中に、『釋日本紀』の継体天皇条に引かれた「上宮記」がある。その文と系図に「踐坂大中比弥王」とあり、後者は右傍書「忍坂大中姫也」をもつ。古事記には「忍坂大中比売」とある。系統には混乱が見られるが、「踐坂」が記紀の「忍坂」に相当することは確かなようである。「坂を踐《ふ》みゆく」の意をこめた表記だろうとは思うが、「踐」と「忍」を結びつける手がかりはまだ見つからない。

7　城下郡室原郷

大東急本に「也本也」、元和本に「他本也」という注記らしい文字があるが、高山寺本にはそれがない。『池邊考證』は「(参考)」として、萬葉集などの「室原」三例を挙げる(後述)。かつ、やはり「(参考)」として「村屋」「社屋」「杜屋」の文字をもつ村・神社・庄の用例九つを挙げる。確かな本文が得られないので、解決への道は遠いが、手がかりがないわけではない。

『地名辭書』には見るべき記述がない。『地理志料』は本文を改訂して結論を導いた。すなわち、元和本の「他本」は異本の意で、それには「室原」とある旨の傍書が、のちに誤って訓の位置に移されたと見なし、「室原」を本文、「無呂也」を訓とした。用例の解釈は、武烈紀三年の大連大伴室屋の居住地による名だとする以外は、「村室邦読同」のたちばで、『池邊考證』もあげる「村屋」によって説明した。村と室の訓が同じだとするところに、『地理志料』の論証の限界があると思う。

『池邊考證』は、この注記らしい文字の解釈に苦慮した旨を当郷の注で述べ、「一本には也とある」ではないか、としたうえで次のように述べる。

郷名が「村也」では落ちつかない。「村屋」なら通る。そこで「也」は「村屋」の訓の一字が残ったものではないかと考え、参考の意味で村屋に関係ある史料を列挙した。

二字ともに誤写とするので、それを認めれば、論と証拠の整合性は高くなる道理だが、逆に「室原」の文字を変えなかったら、『池邊考證』がいずれも「(参考)」としてあげた次の用例から何が言えるだろうか。

室原(萬葉集、二八三四)

室原首御田(孝徳紀、白雉四年五月壬戌)

室原造具足（天平十四年十一月十七日、智識優婆塞等貢進文）

池邊氏はこれらの「室原」をどう読んだのだろうか。第一の用例は、「大和の室原乃毛桃本繁く言ひてしものを成らずは止まじ」である。いま第二句を、原文に傍線を附して掲げたが、これを「むろはらのけもも」と読むと字余りになるので、「室原」は古来「むろふ」と読まれて揺れはない。萬葉歌で「原」の字を「ふ」と読むことはほかに、味原《あぢふ》〔1062〕・三苑原《みそのふ》〔2784〕・苧原《をふ》〔2687〕・麻原《をふ》〔3049〕もあって、必ずしも特殊なものではない。ここに当郷の読みを探る手がかりがありそうだ。

「味原」は和名抄の摂津国東生郡の郷名にも見え、「原」を下字にもつ地名は和名抄にもたいそう多い。その由来を考えると、大原は地形に、川原・高原・内原などは所在する位置によるのだろう。推測できないものもあるが、断然多いのが、植生による菅原・篠原・荏原・萩原・榛原・桑原・竹原・柏原・楠原などである。当該郷名の「室原」は孤例であるが、これを植生による地名と考えたらどうだろう。「室」の訓「むろ」を手繰ると樹木名に行きつく。和名抄に「檉、一名河柳、牟呂乃岐」とあるほか、当時の辞書にはほぼ同じ記述が見られる。訓は同じムロながら、漢土の檉は日本のそれとは異なる樹木を指したようである。それゆえか、この樹木名を担う訓字「檉」が広く行われることはなかった。そのムロの名を負う地名としては、同国宇陀郡の「室生」が平安時代初期から文献に見え、『日本紀略』弘仁八年六月条に、室生山竜穴に祈雨する記事、『三代実録』貞観九年八月条に、檉生竜穴神を正五位下に叙する記事などがある。

結局、誤字説に拠らないかぎり、「室原」は右のように考えて「むろふ」と読むのが最も自然だということになる。同一対象を指す二つの語、「フ」と「ハラ」との関係は、フが古語かと思われる程度のことしか言えない。なお、「室原」の用例のうち、孝徳紀の日付を『池邊考證』が「辛亥」とするのは、「壬戌」の誤りと判断して右には引いた。また、『地名大系』が、高山寺本に「室原　也本也」ありとしているが、それは見当たらない。

8　高市郡遊部郷

当郷には、後世の呼び方に絡む小さな問題がある。

諸本に訓がないので、『大和志』にユフと読み、明日香村小山《こやま》から橿原市四分《しぶ》町にかけての飛鳥川を尊坊《そんぼ》川とよぶのが、同書に「遊部川」とある川である、と『地名大系』はいう。その『地名大系』が当郷を「アソブベ」と読むのに対して、養老「喪葬令」の遊部は「アソビベ」と読むのが伝統である。決め手はないが、飛驒国荒城郡遊部郷には、両本とも「阿曽布」の訓をもつ。その遺称地が後世「アソボ」と呼ばれたのは、古い呼称「アソブ」のなごりと解することができる。「遊女・遊行女児」がウカレメあるいはアソビと呼ばれた（和名抄）ので、「アソブ」が優るとすべきだろう。しからば「アソブベ」なのか「アソブ」なのか。

これについて考えるに好都合なのが、『和名抄』に五例が見える「壬生郷」である。この郷名のもとになった壬生部は日本書紀に見え、皇極紀元年十二月、「乳部」に「美父《みぶ》」と訓注する。奈良時代、氏の壬生は、壬生部・生部・壬部・生壬部とも書かれ、この四種の表記の指示機能は等価であった。大日本古文書の写経所文書には、生壬部・壬生・壬部とも書かれた壬生部又麻呂の名がある。本来の表記は壬生部だろうが、この完形の表記はむしろ少ない。

「ミブベ」という呼称は実際にはあまり流通しなかっただろう、とわたしは考えている。原因は語音構造にある。すなわち、mibube において、bube という類音の拍が続く。しかも、子音は持続性のない破裂音「b」である。音声学の常識からすると、相対的に狭い母音を有するbuの方に音の変化が生ずるところだが、ミブという二拍語において、その半分に相当するbuが変化することは、語の同定にとって極めて不都合である。そこで、ミブの語形は維持して、この氏乃至郷名にとっては付随的な要素である「べ」を捨てたのである。「べ」を省くことは、七拍語の

「杖部《はせつかひべ》」、五拍語の「錦織部《にしこりべ》」、四拍語の「服部部《はとりべ》・伊福部《いほきべ》」にも見ることができる。以上のように考えると、遊部は、bubeという音連続が壬生部のばあいと等しいうえに、語形が三拍で壬生よりも見ることができる。も長いという条件も加わっている。よって、「アソブべ」より「アソブ」の形で実現することが一般的だったはずである。

9　高市郡檜前郷

当郷の「檜前」をヒノクマと読むことについて議論があったということを聞かない。だが、わたしは不明にして、当郷の表記の根拠を究めえずにいる。今、あえてこれを取りあげるのは、問題を提起して議論を呼びおこさんがためである。

「前」を下字にもつ地名は、和名抄に卅ほど、その大半が「〜サキ」で、「〜崎」とも書かれることがあり、クマと読まれるものは、次の三つを見るにすぎない。

1　山城国久世郡栗前《くりくま》

2　但馬国気多郡楽前《ささのくま》

3　紀伊国名草郡日前神戸（大東急本）

右には、3に揃えて「郷」をつけずに掲げた。1は高山寺本の表記で、大東急本は「栗隈」に作る。2の訓を高山寺本は「左止乃久末」に作るが、大東急本の「佐々乃久万」を採る。3は高山寺本に見えず、大東急本のみの記載である。高山寺本は神戸を載せない方針だからであろう。これには訓がないが、ヒノクマと読まれる。神代紀・古語拾遺・延喜式神名帳など多くの資料に見える郷名である。

神代紀上巻の第七段の一書第一、磐戸に隠れた天照大神を招きだすべく、思兼神《おもひかねのかみ》が石凝姥《いしこりどめ》に日矛《ひほこ》を作らせた。

それを作ったのが、紀伊国にいます日前神《ひのくまのかみ》だという。古語拾遺では、二回鋳た日像の鏡のうち、初度の鏡が紀伊国の日前神だという。日本古典文学大系本『日本書紀』は「クマ（隈）とクマ（前）との同音の連想によるか」と注するだけで、「前」をクマとよむ根拠は挙げていない。新編日本古典文学全集本『日本書紀』には、現地の地理をふまえて、「日没は現在灯台のある日岬《ひのみさき》で見られ、そこが「天の隈《くま》」なので、「日前」をヒノクマと訓むか」と注する。西宮一民『古語拾遺』（岩波文庫）には、前をクマと訓むのは未詳、と率直である。

『校本日本書紀』によると、「日前」を多くの写本がヒノマへと読み、ヒノサキ・ヒサキが各一本、クマノサキと読んだのは天理図書館蔵の宥日本だけである。国史大系本『日本書紀』は、ヒノクマの訓を飯田武郷『日本書紀通釋』から採っている。飯田武郷は、平田篤胤が当社の神司である紀俊文の詠「名草山とるや榊のつきもせす神わさしけき比乃久米《ママ》の宮」（風雅集）によって詠んだとしている。

当郷に関して『池邊考證』には六種類の表記、檜隈・檜前・檜坰・左檜隈・佐日之隈・佐檜乃熊が挙がっている。後半の三種は萬葉集に歌語として接辞「さ」を頂いて見え、熊は借訓表記であろう。奈良時代には「檜隈」と書かれることが最も多く、それに次ぐ「檜前」は平城宮木簡の用例が最も早いと思われる。クマの訓が確かなら、紀伊国の「日前」の表記はそれに先んずることになる。奈良時代の文献の「前《くま》」表記はこの二ヶ所に限られる。のちの使用は右の二書に学んだとおぼしく、日前神が解ければ解決する問題だと思うが、その前にもう一つの問題、宣化・欽明天皇段の「檜坰」がある。

この文字は校訂本文であるが、古事記上巻の国譲り条の「百不足八十坰手」にも見え、神代紀の対応箇所は「百不足八十隈」で、「隈」にクマデと読むべき訓注がある。これに不審の眼を向けたのは本居宣長で、『古事記傳』巻十四に、これが例えば爾雅にいう「林外謂之坰」の字義に合わないとした。日本思想大系本『古事記』も諸本間における文字の混乱ぶりを指摘している。宣長はまた、垂仁天皇段の「出雲之石硐之曽宮」の「硐」にも触れて、この文字にクマの意味がないとし、垌と合わせて、「冋」に土偏・石偏を加えた国字の蓋然性を指摘した。わたしの結論だけを記すと、陸地の曲がって奥まった所を意味する「くま」に、広義の国字を用いたとする宣長の説を採りたい。奈良時代、すでに俣・椙・鞆などの国字が行われていたので、国字説は捨てがたいのである。

宣長は、「垌」と同様に「檜前」の「前」にも疑問を呈している。この二つの文字に注目して、宣長の説を取り上げたのは岡本保孝『倭字攷』である。近年の研究者でこれをまともに論じたものを、わたしは知らない。かく申すわたしの探索もここで止まる。

たまたま読んでいた、『時代別国語大辞典 上代編』巻末の「氏姓とその制度」の「(2)名代・子代」に「檜前部」があり、ヒノサキと振仮名されている。

10　山辺郡都介郷

当郷の地域を指すと思われる表記は多彩で、『池邊考證』には、都介・都祁・都家・竹谿・竹鶏・闘鶏の六種類を挙げて用例も多い。允恭紀二年の例は「闘雞」であるが、鶏と雞は通用として扱ったのだろう。『懐風藻』釈道慈の詩題の「竹渓」も見えない。これもテキストによっては「竹谿」ともあるので、谿と渓は通用と見ていいだろう。近年、長屋王邸宅跡から当地の名を記した木簡が多く出土した。特に、延喜式主水司の「都介氷室」が含まれることから、仁徳紀六十二年条に見える氷室との関連が考えられる。この郷名を、『地名辭書』は仁徳紀の地名などによって、『地理志料』も和名抄・本草和名・萬葉集の「黄楊」によって、ともに「ツゲ」と読んだ。現行の地名関係書も、一様に古代の用例を現在の呼称のツゲで読んでいる。だが、それでは真実に迫れないことがある。

この郷名の下字に当てられた介・祁・家・谿・鶏は清音の仮名である。竹谿・竹鶏の上字の尾音はkで、下字の頭子音のkと重なり、いわゆる《連合仮名》として用いられていることが分かる。よって、当郷は奈良時代にはツケと呼ばれていたはずである。大野透『萬葉假名の研究』は、「竹谿」が義字的仮名表記であり、万葉仮名「鬪」も義字的仮名表記に限られると述べている。わたしの考えも同じである。奈良時代にツケであったことは動かないが、ツゲに変化した原因は何か、その時期はいつか、という問題は残る。

旧注が根拠にした樹木名「つげ」は奈良時代に仮名書き例がなく、見られるのはすべて熟語の「黄楊」である。平安時代文献の「黄楊」に、豆介之木（新撰字鏡）・都介（和名抄）の訓があるが、この時代の万葉仮名「介」は清濁を明示しない。後世の語形からの類推でツゲと読むだけである。

当郷の読みの変化を考えるには、伊賀国阿拝郡柘植郷の変化が参考になるだろう。この地は、天武紀元年の「積殖山口」、倭姫命世記の「都美恵宮」以外は「柘殖」と書かれた。由来こそ不明なれ、「柘《つみ》」は山桑の古称なので、語構造「柘殖《つみうゑ》（tumi-uwe）」は動くまい。それが約音によってtumuweあるいはtumiweになり、のちに融合してtumeに変わったのだろう。郷名の古い表記は「柘殖」だが、殖と植の通用で「柘植」とも書かれた。山桑「つみ」の用例は以後の文献にはほとんど見えず、日本語史上では死語に近い。しかも、『日本方言大辞典』によると、語頭が濁音に変わり、別種の植物、バラ科のコナシの別名「づみ」として、山形県酒田・駿河・広島県に、あるいは桑の実の意味で長野県南佐久郡に、あるいはグミの意で山梨県・長野県東筑摩郡・三重県度会郡に行われた。

ツゲ（黄楊）の標準的な発音は、ゲに鼻音を伴って、[tu^{n}ge]と呼ばれたはずである。柘植（tume）も第二拍に鼻音で始まる[me]をもつ。それが語源俗解のはたらく契機になり、樹木名に結び付けられてツゲに変わった。地名「柘植」がツゲに変わった時期は断定できないが、夫木和歌集の巻第廿、雑部二「つげのやま　伊賀」の項に、詠み人知らずの歌「かぎりなくおもふ心はつげのやま山口をこそたのむべらなれ」がある。「告げ—柘植」は懸詞なので、この歌集が編まれた鎌倉時代後期までに「つげ」に転じていたことが分かる。だが、それ以前のことは霧の中である。

ことばは常に何かとのゆかりを求めている。地名は特にその傾向が強く、古事記・日本書紀・風土記など、古代の文献に見える多くの地名起源説話がそのことをよく語っている。ゆかりを求める、それが地名起源説話のはたらく契機である。ツケでは何のことか分からない。ツゲならこの地にもよく見る樹木である。平安時代の万葉仮名は清濁を厳密には書き分けない。ツケがツゲに変化する条件は整っていたのである。

さて、都介郷に関わる近年の論文に、住野勉一（2000）がある。仁徳紀六十二年の「是歳、額田大中彦皇子、猟于闘鶏云々」条をめぐって、これが大和国の闘鶏ならぬ摂津国の地名だという主張である。この論文には、ツケとツゲを区別しないことと、古代文献を読む基本的な態度とに、承服しがたいことが多い。そのなかで延喜式臨時祭条「凡座摩巫。取二都下国造氏童女七歳已上者一充レ之云々」の「都下国造」にも言及している。新野直吉氏は『国史大辞典』の「闘鶏国造」の項で、通説を受けてこれを闘鶏国造の意と見たが、住野氏は太田亮などの説をうけて摂津国菟餓《とが》説を採る。

だが、「都下」が誤写でなければ、延喜式編纂期の万葉仮名としては、ツゲと読むのが最も自然なので、トガ説は成り立ちがたい。都下国造は国造本紀に見えない孤例で探求は行きづまるが、当郷は延喜式に「都祁」四例、「都介」一例のほか、何よりも「竹谿」「竹鶏」が各一例あって、「ツケ」の訓は動かない。よって、「都介」を「ツゲ」とよみ、「都下」とも書いた、とする解釈にも賛成できない。

結局、「都下」は、当郷「都介」とは異なる地名として他所に求め、確かな傍証が得られるまで「未詳」とすべきで、「都下」を当郷の用例としなかった『池邊考證』を、わたしは支持するものである。

【文献】

渡辺晃宏（1990）「一九八九年出土の木簡　奈良・平城京跡」（『木簡研究』十二号　木簡学会）

今谷文雄（1958）「賀茂朝臣と下皃郷」（『日本歴史』百廿五号　吉川弘文館）
住野勉一（2000）「摂津国闘鶏氷室と額田大中彦皇子」（『日本書紀研究』第二十三冊）

◎本章の原論文は、「和名抄地名新考（四）」と題して『成城文藝』百九十号（2005）に掲載された。

第三章　河内国

0　はじめに

日本語史学の視点からすると、大和国には、山城国に比べて考察の食指の動く対象が多くなかった。国ごとに異なるこの傾向は、もとより偶然の結果であろう。河内国も大和国に似て、考えねばならぬ地名、考えてみたい地名は多くない。だが、残った地名は意外に手ごわく、容易には解決に至らない。不思議なことである。

個別の地名の考察に入る前に、あえて一条を設けるに及ばないと判断したいくつかについて述べる。左記の各郷の訓の差は、故地の比定に関わることがないので、歴史学では全く問題にならないが、郷名の読み方について解釈の分かれたものである。訓は、高山寺本・大東急本・名博本の順で掲げ、斜線以下は近代の他の諸書の訓である。

鳥坂郷（大縣郡）／トリサカ・トッサカ・トサカ
玉祖郷（高安郡）多万乃於乎・多末乃於也・タマノヲホ／タマノヤ
豊浦郷（河内郡）／トヨウラ・トヨラ・トユラ
石井郷（讃良郡）／イシヰ・イハヰ
井於郷（志紀郡）為乃倍・井乃倍・イノヘ／ヰノウヘ
土師郷（丹北郡）／ハニシ・ハジ

「鳥坂」の三様の訓は、それぞれ原形・促音便形・促音無表記で、いずれも可能な形である。トサカは、奈良平安時代なら、「鳥」の訓トリの被覆形「ト」の蓋然性もあるが、近代の訓では不自然だろう。「玉祖」の高山寺本の訓の「乎」は「也」の誤写だろうか。同本は、伊勢国員弁郡「美耶」の訓も「美乎」とするが、大東急本の「三也」で訂正できる。名博本の訓の「ホ」は「ヤ」の誤写であろう。近代の訓との相違は、〔タマノーオヤ〕の間で母音の縮約が起こっていたか否かの差である。

「豊浦」の三つの訓は、〔ヨーウ〕の母音連続における、原形・後項頭音脱落・複合部における母音縮約形の違いである。

「石井」は、大東急本に石井郷が十一、磐井郷が一つあり、石井にはイシヰ・イハヰ両方の訓があって決め手を欠く。日本語学の視点からは、イシヰの蓋然性がいくぶん大きいか、という程度のことしか言えない。諸書も遺称地を未詳とするので、断定は控えるほかない。

「井於」は大東急本の五つの井上郷がヰノへと読む訓を有し、高山寺本に唯一の訓をもつ甲斐国山梨郡の井上の訓と一致するので、これに準じてヰノへとしておくが、原形ヰノウへの蓋然性を否定するわけではない。

「土師」地名全体において、和名抄で高山寺本と大東急本の訓が一致するのは、和泉国大鳥郡土師郷の「波迩之・波尓之」である。大東急本は他の箇所の「土師」に波爾之・反之・波之の訓もあって、やはり原形・撥音便形・ハジまでのいろいろな語形が予想されて一つには絞り切れない。

地名表記が確立した時点では原形であった蓋然性が大きいが、和名抄編纂の時点にいずれが行われていたかを言いきることは難しい。同時代であっても、人によって呼び方の異なることもある。近くは都内を循環する鉄道の「山手」線がヤマノテとヤマテに分かれる例がある。岐阜県「各務原」市は、市民のあいだでも呼び方が揺れている。市は正式名称をカカミガハラとしているが、市民は、カカミハラ／カガミハラと呼ぶことが多い。ここで発行されているある俳句結社の機関誌は『鏡野』である。古代、この市域は「各務」の表記でカカムと呼ばれる郡であったが、和名抄には「加々美」の訓が附せられた。九世紀初めまでにカカミに変化してからは、既知の語への有縁性を求めて、第二拍が濁音の「カガミ」と呼ばれた時期がある、とわたしは考えている。こうした事情も考えなくてはならない。

1　河内国

現代の呼称はカワチであるが、大東急本の国郡部に「加不知」の訓、郡部に「与国名同」とある。『地名辞書』が標目「河内」の左右にカフチ・カハチと振仮名するのは、そのあたりの事情が反映しているのだろう。いつ、いかなる原因で現在の形になったのだろうか。同じ表記の地名と氏は全国に多いが、地域差と時代差が絡んで読みかたはさまざまなので、個別に処理するほうが現実的である。

奈良時代の文献に「凡川内国造」（記・神代）、「大河内直味張」（安閑紀元年）などが見える。凡川内国造家は大津彦根命の子孫と伝え、この地域に勢力をはった豪族である。氏の上の「大／凡」は、百済系帰化人の河内直家との違いを示すために土着の豪族がつけた美称的な接頭辞であろう。地名表記は、この美称を省いて「河内／川内」だけを対象にすればよいわけである。

新羅日本府の河内直には、欽明紀二年七月条に見える百済本紀の「加不至費直」が相当するとおぼしい。萬葉集に普通名詞として意字表記の「山川之清河内」〔36〕・「芳野川多藝津河内」〔38〕がある。カフチの語形は仮名書きの「清き可敷知《かふち》」〔4003〕などによって確認できる。当国名もこれに準じて考えてよいだろう。

三巻本色葉字類抄の「カウチ」など、平安時代末期の文献に「カウチ」が見えるのは、この時代に生じた音韻変化、語中尾のハ行音がワ行音に転じたことの反映と解して矛盾しない。元亀二年京都大学本運歩色葉（1571）にはカウチの仮名がある。辞書・類書は規範的なたちばで編まれて依拠資料の影響を受けやすい。拾芥抄は、室町時代中期の大東急本、吉田凡舜書写の尊経閣文庫本（1584）ともにカウチである。

節用集はむしろ音転後の語形を伝えている。上引拾芥抄に先んずること一世紀の文明本節用集では、イ・カ・タ三部の天地門に「河内」がみえ、いずれもカウチの仮名を附す。拾芥抄と節用集の文献の性質の差が表われたと見るべきなのだろう。以降の節用集各本はカワチ／カハチの訓をとどめている。十六世紀末に明人が著わした『日本風土記』の表記は「茄懐知」で、かの国の人の耳はカワチと捉えたようである。それより少し遅れるキリシタン資料を見ると、落葉集（1598）には伝統的な仮名表記「かはち」、ロドリゲスの日本大文典には Cauachi とある。朝鮮資料『捷解新語』の原刊本（1676）の仮名表記「かわち」はハングル表記と合致する。

平安時代後期のカウチにおいて、母音連続 au は［a－u］と割って発音されていたが、鎌倉時代には、次第に一続きに発音されるようになり、やがて長音「オー」が成立する。カウチから転じた新しい語形「コーチ」には、漢字「河」の喚び起こす音形カワもカも含まれない。人々はそこに違和感を覚えたに違いない。そこで、河の文字を読むことでカワチの形が生まれた、わたしはそう推測する。

2　石川郡紺口郷

当郷の名も、歴史学の側にはほとんど問題がないだろう。ここに取りあげるのは、もっぱら日本語学の関心からである。『地名辭書』は当郷標目の右と左に「コムク」「カムク」と振仮名する。この二様の呼び方はなぜ生じたのだろうか。

古代の資料は豊富なのだが、年代が異なると表情も変わる。『池邊考證』に網羅された十数個の用例をまとめると、当郷に関わる表記は、「紺口・高目・澇来・感玖・咸古」の五種になる。「紺」の漢字音はｍ韻尾を有し、「口」

の呉音はクなので、紺口はコムクと読める。古事記応神天皇段の「高目《こむく》郎女」が、応神紀二年三月条に「澇来田《こむくた》皇女」とある。田字の有無の差はあるが、同一皇女の異表記とする解釈は支持できる。以上の三つはコムクと読むことを妨げない。問題は「感玖・咸古」である。

初めに延喜式神名帳の「咸古神社」「咸古佐備神社」の咸古を扱う。万葉仮名「古」は、コ甲類とコ以外の用例が報告されていないので、この神社名の「古」もコの表記と見ていいだろう。古代から中世まで日本語に多くみられた、オ列音とウ列音との交替現象によると解釈しうることは、日本語史学の常識である。よって、下字は、母音交替によって、コ／クの両形が出現したと理解できる。

「感玖」は、仁徳紀十四年、難波京の土木工事「大溝を感玖に掘る」に見え、高目郎女／澇来田皇女の名もこの地名によると考えるのが一般である。この「感」と神社名の「咸」は『廣韻』では〔覃〕韻の字で、万葉仮名としては呉音「コ甲ム」、漢音「カム」で実現することが自然なので、他の表記と矛盾しない。ただ、感・咸とも、呉音で用いられた実例がほかにない点が不審である。仏書・経典の音義類にも見えず、呉音で読まれた仏教語の存在も知らない。現行の漢字辞典にも、呉音「コム」を載せないものが多い。

そうした状況にあって、現在の徳之島とされる島の名が、続日本紀の文武天皇三年七月十九日条と霊亀元年正月条に「度感」と見える。現行のテキストの訓はトカムが多い。『地名大系』は訓を附けずに、『海東諸国記』に度九島、「中山世譜」に度姑とあることを紹介したのは、トコム説に傾いていたのだろうか。『角川辞典』は「とかん」と附訓している。熊谷幸次郎『新訂續日本紀索引』には、「とこ」とするのは中途半端であり、続紀編纂の原資料に「度感」とあったと考えるのが自然で、呉音でトコムと読むべきだ、とする。私見もしかり。

右に述べたように、感・咸の呉音は殆ど用いられた形跡がないので、神社名の咸古がカムク／カンクと呼ばれるのは当然の成り行きであった。郷名の「紺」の漢音カムも実際に用いられた形跡がない。

3　石川郡新居郷・雑居郷

「新居」は高山寺本・名博本の、「雑居」は大東急本・元和本の文字である。

近代の諸注のうち、『地名辭書』は和名抄の孤例となる「雑居」の本文を採り、諸蕃雑居の地と解してサハヰと訓じた。サハは「雑」を二音節仮名とし、ヰは「居」を訓よみしたものであるが、和名抄の地名に音訓交用表記はごくまれなので、採りがたい説である。『地理志料』以降の諸注は、高山寺本の「新居」を採る。

「新居郷」は古市・河内の両郡にもあり、伊予国新居郡の元和本の訓「尓比井」によってニヒヰとよむのが一般である。だが、古代地名「新居」の訓をこれと断言することはかなり難しい。新居とそれに類似の郷名には「新家・新井・新屋」があり、それに対する和名抄の訓は、ニヒヰ・ニヒノヰ・ニヒノミ・ニヒヤで、著しく錯綜している。しかも、近年、奈良県明日香村の石神遺跡から出土した天武天皇十四年の木簡に、「乙酉年九月三野国不□／評新野見里人止支ツ云々」（『木簡研究』廿六号）の記事があり、これは和名抄の美濃国不破郡新居郷にあたると考えられる。それらを踏まえて、わたしは工藤（2005）に次のように書いた。

同じ表記の地名がこれだけ散在するのは、各地で独自に名づけられたのではなく、制度的な命名だと思うが、近年の歴史家は固有名詞として取りあげる以外に関心を示さず、歴史辞典類からも教えられることはない。よって、現時点では「訓義未詳」とするほか術がない。むろん、当国の古市・河内両郡の新居郷も同じである。

4　古市郡尺度郷

諸本が「尸度」に作るのは不思議というほかなく、相模国高座郡・伯耆国汗入郡の「尺度」と同じ郷名の誤写とすることで諸説が一致している。ここに取りあげたのは、『池邊考證』が史料とした四例のうちの一つについて考えるためである。

同書は、尺度郷（西琳寺縁起所引『天平十五年帳』）・尺度池（続紀、天応元年）・河内坂門原陵（清寧紀五年・延喜式諸陵寮）のほかに、酒人造（新撰姓氏録、河内国皇別）をあげている。酒人造は、『地名辞書』の「河内国皇別酒人造、日下部同祖、彦坐命子狭穂彦命之後也」を受けたのだろう。『地理志料』も姓氏録を引くが、「坂戸物部、饒速日命従臣坂戸天物部之後貫于本州、即居此」として出自が異なるとし、また、萬葉歌「美麗物《うましもの》いづく飽かじを坂門《さかと》等《ら》之《が》角《つの》のふくれにしぐひ逢ひにけむ」〔3821〕とその左注によって「有二尺度娘子一、亦本土人」とするだけで、酒人氏とは関連づけていない。

奈良時代の文献に「酒人」の例は少ない。継体紀元年三月の皇子女を次第する条に、根王の女・廣媛所生の二子のうち、長子が「酒人公の先」であるとする。天武紀十三年十二月、五十の氏に宿祢を賜う記事の中に「中臣酒人連」が見える。前者は寛文版本にサカウトノキミの訓があり、後者には北野本の訓サカヒトがある。この訓に関連して見ておくべき記事、崇神紀八年四月の「高橋邑《たかはしのむら》の人活日《いくひ》を以て、大神《おほみわ》の掌酒とす」がある。「掌酒」には「佐介弭苔」の訓注があってサカビトと読ませている。

問題は、姓氏録編纂時、はたして酒人がサカトとよばれ、尺度と関連づけえたかということである。そこで「人」を下位要素とする複合語を見ると、古人《ふるひと》、宇治人《うぢひと》などの不連濁形「ヒト」、商人、家人などの連濁形「ビト」がほとんどである。トの形になった語は旅人《たびと》、盗人《ぬすびと》、文人《ふびと》しか知らない。これらは、複合部分で、〔ビ－ヒ〕、〔ミ－ヒ〕と連続した唇音の音節が一つになったと解釈すべきである。酒人を〔サカ－ヒト〕と読んだにしても、複合部分にこの音変化は期待しえない。

萬葉歌「東人の荷前《のさき》の箱の荷の緒にも妹は心に乗りにけるかも」〔100〕の「東人」の訓は、アヅマヅ・アヅマヒトのいずれかという議論がある。ここで、『時代別国語大辞典上代編』の記述を参考にして考える。十巻本和名抄には、人倫部の「辺鄙」に「阿豆万豆」の訓をのせ、「今案、俗用東人二字其義近矣」と説明する。観智院本名義抄には「辺鄙　アツマト　アツマヒト」、興福寺本大慈恩寺三蔵法師伝の傍訓に「鄙《アツマツノ》諸国」とある。これらの用例から同辞典は、語末のド・ヅは人ではなく「所の意のド・ヅかもしれない」とし、名義抄の訓は「東国（人）だけを指す意から一般に田舎人の意に」移ったことを示すのかもしれないとする。この記述は慎重ながら正鵠を射ているようだ。

「東人」は奈良時代の人名にも見える。大宝・養老の戸籍、山背国愛宕郡雲上・雲下の両里の計帳から、「人」を上部要素にもつ人名を拾いあげた筏勲（1960）には、廿一種ほどが見える。さらに年次未詳の戸籍とその他の計帳を繰ると、なお十種ほどを拾うことができる。当面の「酒人」、エミシと読まれたに違いない「毛人」もある。そのほか、「赤人」はアカヒト、「兼人」はカネヒト、「椋人」はクラヒトなど、「人」はヒトとよむのが一般であろう。さて、「酒人」はサカトなのだろうか。

「六人部／身人部」はどうかという人もあるだろう。そもそも未詳の品部である「六人部／身人部」を歴史家はムトべとよんで疑わないが、はたしてこれは確かなのだろうか。日本語の数詞を広範に研究した安田尚道の人数詞の論（1991）には、ヒトリ・フタリ・ミタリ・ヨタリまでは確かな表記例があり、五人には不確かなイトリがある。六人には日本書紀の「六口《ムユ》」などがあり、ムユノヒトあるいはムユヒトと言ったのだろう。「中世以後の文献に見られるムタリはこの言い方が忘れられた後に作られたものであろう」とする。この説の唯一の問題点は、「身人」の表記からムユノヒト／ムユヒトを導くことの難しさである。安田氏はその論文の注で、現代の姓に六人部（ムトべ・ムヒトべ）・身人部（ムトべ）・六人（ムトリ）などがあるが、ムトべはムヒトべの転と見るべきだと思う、とした。

この難点を克服する妙案がわたしにはない。だが、「身人部《むとべ》」という表記が成立するには、日本人の言語運用において、「身」の和訓の露出形ミ乙類と、被覆形ムとの母音交替の機能していることが必要である。新撰姓氏録の編まれた平安時代初期に六人部をムトベと読んだとする歴史学者の説には従えない。

酒人は、上引の、崇神紀「掌酒」と訓注「佐介弭苔」に従ってサカビトと読むのが筋なので、わたしはこれを「尺度」の異表記とは見ない。

5　大縣郡

読みは諸書で「オホアガタ」と「オホガタ」に分かれている。それだけなら、「はじめに」で扱った「豊浦」などの同類で、あえて一項を設けるに及ばないが、当郡にはそれでは済まない問題がある。近年の注、例えば『地名大系』には左記のようにある。

訓は高山寺本に「オホカタ」、東急本国郡部に「於保加多」、「拾芥抄」に「オホアカタ」とある。本来清音であったが、近代の郡名の訓は「オホガタ」(内務省地理局編纂「地名索引」)。

右の「本来清音云々」は、古代中世の仮名表記の習慣に引きずられた解釈であろう。建郡当初は「縣」の文字に即して「オホアガタ」が行われ、次第に母音縮約が生じて、中世にはオオガタに転じたと解釈することに、なんら問題はない。拾芥抄のように文字に即してよまれて古形に戻ることがあるのは固有名詞の常である。

新撰姓氏録の河内国神別に「大縣主」が見え、続日本紀の神亀二年六月条に「和徳史龍麿等卅八人に姓を大縣史と賜ふ」とあることから、大縣氏の居住に因む郡名とするのが自然である。ところが、続紀の養老四年十一月廿七日条に、堅下・堅上二郡を更めて大縣郡と名づけた、とある。新古典大系本続紀はこれに「おほかた」の訓を与え、堅下・堅上「両郡は他に見えない」「姓氏録河内神別に大県主がみえる」と補注する。以下、姓氏の大県《おほがた》は「おほあがた」、郡名のそれは「おほかた」と読みわけようと努めている。天平六年四月甲午条の郡名「大県」は校正もれであろう。

大縣郡の初出以前に堅下・堅上両郡の所見のないことが隘路であった。かつて、安寧天皇代に片塩の地に都を遷して浮孔宮と称し（日本書紀）、古事記は「片塩浮穴宮」と書いていることから、その「片」による「堅」だとする『地名辭書』『地理志料』の解釈が行われた。『地理志料』は、下総・土佐の両国に「大方郡」のあることを根拠の一つに挙げた。このばあい、堅から導かれる語形カタと、縣から導かれる語形アガタ／ガタのずれをいかに処理するかが問題であった。

この宮の所在地に関して、古典大系本日本書紀は、『大和志』の大和国葛下郡説と『地名辭書』の河内国大縣郡説を併記したが、新編全集本日本書紀は前者しか挙げていない。そこで、歴代の皇都の所在地を見ると、初代神武天皇から第十四代仲哀天皇の皇后神功まで大和を出ることがなかった。第三代の安寧天皇だけが隣国河内に都をおく必然性が認められず、片塩と堅を結びつける必要はないだろう。すると、堅上・堅下両郡の「堅」を大縣郡のアガタの拠り所とする根拠は見あたらない。日本語史において、堅の訓カタ、縣の訓アガタはともに安定していた。時間が経過すれば、〔大－堅〕の複合による後部要素カタの連濁することは十分に起こりうるが、大縣の喚起する語形オホアガタにはなお遠い。かくて、大堅すなわち縣なり、とする論拠を組みたてることは難しい。

堅上・堅下二郡が合して一つの郡になったにしても、何か新しい資料でも出ないうちは、その堅《かた》を大縣郡の縣《あがた》と関連づけて解釈することは避けるべきであろう。

6　河内郡大戸郷

新撰姓氏録の河内国皇別にみえる朝臣「大戸首　阿閉祖同祖　大彦命男比毛由比命之後也」によって、ここが大戸氏の本貫だとされる。地名としての初見は、永保元年「河内国石凝寺々地等免判抄」の「大戸郷碓井里」とされる。また、ほぼ同時期の延久四年九月五日付けの太政官牒に、石清水八幡の宮寺領である林燈油薗の散在地「大江里」とあるのを、『枚岡市史』は大戸里だとした。『地名辞書』はオホへの訓を附し、『地理志料』の万葉仮名表記「於保倍」はオホヘなのだろう。和名抄で第二字を「戸」で書く郡郷名のうち、大和国の坂戸郷が坂門とも書かれたように、戸がトに当てられたこともあるが、余戸・神戸を初め、山城の鳥戸郷、大和国の城戸郷など、「へ」とよむ郷名が圧倒的に多い。したがって当郷の訓「オホヘ」は自然である。

近年の地名叢書はいずれの時点での読み方かを明示せず、現代の読み方であることを暗黙の了解としているふしがある。これでは和名抄編纂時の語形が復元できず、その地名の歴史をたどることも、故地の同定も難しくしてしまう。『角川辞典』はオオエ、『地名大系』はオオベとよむ。前者は上引の太政官牒の大江里が大戸里だとする枚岡市史を引いている。後者は「平安時代に成立する広大な大江御厨は大戸の地を含むと考えられる」とするだけである。日本語学の学徒としてその点を少し考えてみたい。

歴史学の知見によると、「大江御厨」は河内の大和川一帯から河口の摂津に及ぶ地を広く領有した庄園で、延喜式の「河内国江厨」を前身とし、庄園整理令直後の延喜五年に設置されたようである。すなわち、制度の変化に伴って、規模の拡大、組織の改変があり、名称も河内国江厨から大江御厨に変わったと考えるべきであろう。延喜のころの中央日本語の音韻体系を考えると、ワ行のヱ（we）はもとより、ア行のエ（e）、ヤ行のエ（ye）も区別されていたはずである。ハ行音がワ行音に転ずることはようやく起こり始めたころであろう。平安時代初期の大戸（オホヘ）と大江（オホエ）は別語であり、ハ行音が転呼しても、まず実現する音形はオヲヱであって、大江と同定することにはなお遠い。馬淵和夫（1971）は、イとヰ、エとヱの混同がおこるのは、鎌倉時代にはいってからだという。

もし、郷名表記が成立した時の語形がオホベであったら、大江には転じえないことにも注意しなくてはならない。

本条冒頭に引いた新撰姓氏録の「阿閉祖」の阿閉は、古代文献に「敢・安倍・阿部」などと書かれた。現代人に「敢・阿閉」の読みかたは難しいが、「安倍・阿部」ならためらうことなく「アベ」と読むことができる。語中や語末のハ行音は、例えば花の咲く草も、草に咲いた花も「草花」と書いてクサバナと言うように、今なお不安定である。アヘがアベに転じて安定したように、オホベなら既に安定しているので、何もオホヘに移る必要はなかったと思う。

大江御厨の範囲に大戸郷が含まれていたとする解釈、すなわち『地名大系』の記述で止めておくべきであろう。

7 讃良郡

当郡の名は、訓字表記が更荒郡（欽明紀廿二年七月）・更占郡（西大寺資財流記帳）・更浦郡（法隆寺伽藍縁起幷流記資財帳）と多彩である。更荒はサラアラの、更占・更浦はサラウラの、それぞれ母音の縮約を期待したものである。一方、当地に因む人名表記、持統天皇の名「娑羅々皇女」（天智紀七年二月）と「佐良良連」（新撰姓氏録河内諸蕃）は、音仮名表記でサララの形を伝える。前者を持統前紀に「鸕野讃良皇女」と書いたのは、サララを二字化したものとおぼしい。地名表記が訓字から音仮名に変わり、しかも嘉字をもってするのは、奈良時代の政府の方針によるらしいので、持統前紀の「讃良」は早すぎるようである。後世の潤色かもしれない。

讃良のよみかたは意外に早く混乱し始める。大東急本の訓は佐良々、名博本・三巻本色葉字類抄も「サラ、」だが、高山寺本は「サ、ラ」とする。当本の傍訓がいつ誰の手によるかの判断は難しいが、混乱の原因は、万葉仮名「讃」の用法にあったことは動くまい。

本居宣長・東條義門らの業績である地名における万葉仮名の用法は、日本語史学の常識である。すなわち、n韻尾の漢字はラ行音の表記に転ずることがあった、というのである。和名抄の地名で著名なものは、平群《へぐり》（群《グン》→グリ）・敦賀《つるが》（敦《トン》→ツル）・駿河《するが》（駿《スン》→スル）などである。ほかに、犬飼隆（1989）が取りあげた藤原宮跡出土木簡の伊《い》看我評《かるが》（看《カン》→カル）もある。同評は、兵庫県山垣遺跡出土の奈良時代木簡に「伊干我郡」ともある。「讃」に関しては、犬飼氏の驥尾に附して工藤（1990）に論じた、平城宮木簡の讃信郡《さらしな》（讃《サン》→サラ）が支えになる。

時が流れて、万葉仮名による古代地名の表記原則が遠い過去のことになると、讃良をサララと読むことは難しい。せいぜい讃はサ、良はラとしか読めない。『地名辞書』は「後世訛りて佐々良と曰ふ」として、新撰和歌六帖の歌「笹わくる音もささらの河内路に駒を早めてけふもくらしつ　藤原行家」を挙げた。この歌は歌枕名寄にも載るが、「ささら」が確かに地名「讃良」を指すとしたら、「河内」は国名であろうか。『新編国歌大観』の新撰和歌六帖の底本は飛鳥井雅綱・近衛稙家筆本の日本大学総合図書館蔵本で、「ささらのかふち路」に異文「ささらのこほり路」のある旨が記してある。正文は郡名が国名を修飾する点に疑義がある。異文ならその疑義は消えるが、そもそも「なにがしの郡路」などという表現が古代和歌にありえただろうか。諸本を細かく検討したうえでなくては断言できないが、本文はいずれも怪しい。平安時代中期以降の人々に、地名解釈に付き物の「有縁化」という語源意識がはたらいて、サララに近い語形の日本語として選んだのが、親しい楽器「ささら」であった、と解しておきたい。

右のような事情で後世いたく混乱したが、古事記の建内宿祢の子「佐和良臣」、姓氏録の「河内国皇別、早良臣」、和名抄の「筑前国早良郡」、続紀の「佐波良臣静女」について、『地名辞書』は「和波相通」とし、「凡地名には古今の転訛仮字の精粗ありと雖、讃良の如き其尤もなりと謂ふべし」という。だが、日本語史のたちばから見ると、［ワ―ハ相通］は余りにも早すぎるものである。

8　讃良郡山家郷

日本語学のたちばからは明快な郷名であるが、歴史学側からみるとまた異なるようである。『地名辞書』はヤマへと読んだが、『地理志料』は他国の同じ郷名の訓「也萬以倍・也末無倍」によって、『倭訓栞』の説、すなわち山部氏の居所に発する郷名だが、桓武天皇の諱《いみな》によって「山家」に変えたことを引いている。

天平十八年の平城宮木簡に既に「山家」と書かれている。もとより断定は控えなくてはならないが、和名抄の地名表記の原則から見て、音訓交用になる『地名大系』のヤマガ、「家」をべとよむ『角川辞典』のヤマべともに否定されることになる。上総国周淮郡山家郷の高山寺本の訓「也萬以倍」による「ヤマイヘ」が最も無難である。イへの縮約した、『地名辞書』の「ヤマヘ」も当然ありうる。

9　茨田郡

元和本の郡部に「萬牟多」、名博本に「マイタ」の訓がある。『地名辞書』は左に「マッタ」、右に「マムタ」と振仮名した。この辞書では、左が平安時代の訓、右が明治期の訓である。明治期の訓の「ム」は「ン」に同じと解していいだろう。拾芥抄の諸本は「マウタ」の訓をもち、「マムタ」を併記する本もある。

古代史学からの説明には特に異論のない地名である。日本語史学の側からは、本居宣長『古事記傳』三十五之巻、茨田の堤の築造に関するくだりの説明が受け継がれてきたが、細部には疑問なしとしない。宣長いわく、植物の茨はウバラ／ムバラと言い、マムタというのは、やや後の変化した形であろう。初めからマムタだったら、茨田と書くはずがない。本来ウバラタだったのが、ウを省き、バをマに転じ、ラを音便化してンといったのだろう。日本後紀の「延暦廿三年改㆓茨田親王名㆒為㆓萬多㆒」とある改名記事はその証拠である、と。

古代文献の茨は、萬葉歌〔4353〕に「宇万良」、新訳華厳経音義私記に「棘　宇末良」、新撰字鏡に「蕪　宇波良」、本草和名に「営実　一名墻薇、一名墻麻、和名宇波良乃実」とあって、ウマラ／ウバラの両形が認められ、イバラの出現は十六世紀まで下る。第二拍にマとバの両形があるのは、mとbの唇音の交替であって、本質的な違いはない。

語頭のウは、m／bへの入りわたり音に近いもので、弱い音声で実現するのが普通だったろうと考えることも、日本語史学の通説である。平安時代の仮名文献では、第二拍にマ・メ・モがある語、例えば、馬・梅・埋もれ木の語頭のウが「む／ん」で書かれたこともそれを裏づける。

宣長の撥音化説に対して促音化と解釈する説がある。新編全集本古事記は、仁徳天皇段の茨田堤・茨田三宅築造記事で茨田を「うまらた」とよみ、頭注に次のように記す。

道円本『和名抄』にマムタとあるが、ウマラタ→マラタ→マッタとなり、その促音をムで表記したと考えられる。

新編全集本日本書紀は、右に対応する仁徳天皇十一年条の茨田を「まむた」と読む。この叢書では記と紀で解釈が分かれたのであるが、担当者が違うのだから無理もない。

右に引いた「促音をムで表記した」という和名抄のムの原文は、万葉仮名「牟」である。和名抄の万葉仮名のうち、高山寺本の「牟・无」、大東急本の「牟・無・武」の扱いには特に注意を要する。そこで、語中拍に限ってその一端を覗いてみよう。大東急本・元和本の訓を基準にして、高山寺本に訓があれば行末にそれを添える。

桃生　毛牟乃不（陸奥国）

河内　加無知（隠岐国隠地郡）

埴生　波牟布（下総国）

日野　比无乃（信濃国高井郡）　賓能

これを見ると、仮名「牟・無・无」の音価を特定することの難しさが分かる。

マラタ→マッタ／マンタの変化を説明するには、ラの音転を証明しなくてはならない。その手がかりを求めて、和名抄の地名から、ラ行音が転じていたらしいものを拾ってみる。やはり高山寺本に訓があればそれを添えることにする。

榛澤　波牟佐波（武蔵国）

度津　和多無都（参河国宝飫郡）

芹田　世无多（信濃国水内郡）

苅田　加无多（安藝国高宮郡）　葛太

建部　太介无倍（伊勢国安濃郡）　多計倍

いずれも狭い母音をもつ拍のリ・ルに生じた音転の例である。苅田における高山寺本の訓は、陸奥国「刈田」郡の元和本の訓と同じく、讃岐国「刈田」郡の元和本の訓「葛多」、近江国栗太郡「治田」郷の両本の訓「発多」の同類である。

地名の変化は地域性が高くて、全国一律には論じえないことは工藤（2005）にも書いた。したがって、個別に考えるのが無難である。当郡は、三巻本色葉字類抄「加」部の「国郡部」に「マツタ」の訓で載っている。当書の仮名の傾向からみて、これは促音と解釈してよさそうである。一方、上引拾芥抄両本の訓は「マウタ」である。宣長『漢字三音考』、鹿持雅澄『雅言成法』など、概して近代以前の研究者はマンダ、岸田武夫（1984）など近代の研究者はマッタと読む傾向があるようだ。欽明紀二年、小姉君所生の「茨城皇子」が、古事記欽明天皇段には「馬木王」とある。同一人の名が伝承のあいだに変化したものかとされ、それぞれウマラキ・ウマキと読まれる。ラの拍がない後者は、ラ脱落・促音・撥音のいずれなのか、「茨田」の訓の変化と同様に解釈は難しい。

平安時代に生じた特殊拍である促音と撥音は、表記法が長く定着せず、イ・ウの音便形も似たような事情にあった。さまざまに表記されたハ行四段活用動詞の音便形の実例を、山口佳紀（1972）から借りて示すと、喚―ヨハウテ（ウ表記）、欲―ネカフテ（フ表記）、尚―ネカテ（零表記）、従―シタカムテ（ム表記）という状況であった。実際の音価については古くから議論が続いている。ハ行動詞音便形の表記について、「主水《もひとり》」が「もんど」になる変化を例にして説いた金児祝夫（1947）は次のようにいう。

ヒが撥音化し、狭母音イを同化してしまつたといひ得る。又、此の撥音は先行のウ音便より出たとも考へられる。両音の調音の差は極めて僅少で、聴覚印象も近似して居る。そのため龍膽は「りうたむ」「りうたん」「りんたう」「りうたう」等様々の形をとり、林檎が「りんこう」「りうこう」の形を持つてゐる等の類例は、字音及び国語にその例が極めて多い。

結局、茨田の訓について日本語史学のたちばから明快な結論を導くことはできない。だが、和名抄時代の形としては、右の「龍膽」などと同じように、従来の日本語の一音節としては捉えきれない、ウとも促音とも撥音とも解しうるような音だったのではなかろうか。それらが一つの拍として日本語の音韻体系に定着する以前の実態だったのだと解釈したい。なお、名博本の「マイタ」は扱いが難しい。ウ・イともに狭母音であるが、管見のかぎりでは孤立する訓なので、誤写と見てよいだろう。

10　交野郡

延喜式神名帳に「片野神社」があるが、続紀の表記が「交野」だけであるのは、これが公式表記だったからであろう。交野以前の例は『池邊考證』に、天平六年の造仏所作物帳らしい紙面の「肩野郡」がある。その後、長屋王家木簡に「自肩野津進上」の文字の残るものが出土し、その下の十二字分の墨痕の五つについて、『平城概報』廿七号（1993）は「内国肩野郡」と推読した。非公式には「肩野」も行われたのだろう。

元和本郡部の訓「加多乃」は現在まで安定した称である。わが関心は、「交」を「かた」と訓ずることの根拠にある。『地名辭書』は「交は交迭の字義に仮る迭古訓カタミ」とする。漢字の訓詁のたちばではそれで十分だが、わたしはその古訓の用例が確認したい。現代なら「交互」の表記が親しい漢語「交迭」に対応する和語「かたみ」は、平安仮名文の用語であり、漢文訓読語「たがひ」と文体の上で対立する語であった。

『地理志料』はもっと詳しく、日本書紀に「交」をカテとよむこと、萬葉集に合、文選に雑・糅の字があり、すべて混和の義で同訓だという。日本書紀の例は推古天皇三年四月条にある。淡路島に漂着した香木「沈水」を、島人がそれと知らず「以交薪焼於竈」したくだりである。岩崎本の「交」の訓は「カテ、」とある。萬葉集の「合」は巻第十六の短歌〔3829〕の「蒜都伎合而」にみえ、ヒルツキカテテの訓が一般である。

動詞が名詞に前接して複合語を作るには、連用形によるのが一般である。古代語でも「出で湯」のようにその方式が普通であったが、ほかの方法も用いられた。「行くさ来さ」「垂水《たるみ》」「泉（＝出づ水）」などは、動詞の終止形あるいは基本形によるものである。特にあとの二例は「みづ」の古形「み」を含み、よほど古い成立かと思われる。

さて、下二段動詞「かつ」を「交」で書くのは自然だが、その語尾がア列音に転じて名詞に前接する複合はどれほど流通したのだろうか。そのたぐいかとして思いつく、明く—明時《あかとき》、荒る—荒野《あらの》、長《た》く—高嶺《たかね》などは、それぞれ対応する形容詞「明し・荒し・高し」によると解釈しても不都合はない。だが、動詞「交つ」に対応する形容詞は見当たらない。

いま一度視線を転ずると、次のような語が見えてくる。

棄つ→すたへ［棄戸］（神代紀・上）
曲ぐ→まがたま［勾玉］（神代紀・上）
向く→むかばき［行縢］（萬葉集・3825）

「棄戸」の語義には不明な点が残るが、訓注「須多杯」によって語形は把握できるので、「棄つ」の語尾がア列音に転じて名詞と複合したと解釈して不都合はない。古代語には自動詞「まがる」も存在したので、「勾玉」は自他両用動詞の語根マガを前項として形成されたと解釈しうるだろう。「行縢」は基本形が同じ「向く」をもつ自動詞と他動詞のいずれによる成立か判別しがたい。

次の二つは四段活用動詞によるとされている。

垂る→たらちね［垂乳根］（萬葉集・1774）

潜《く》く→くかたち［盟神探湯］（允恭紀四年）

「くく」は潜る意であるが、盟神探湯は神に誓って熱湯に手を潜らせて事の正邪を判ずること。文証はないが、他動詞と見てよいだろう。

右の挙例の多くが神話的な文脈の叙述や冠辞に見えるのは、やはり古い時期の成立であることを意味するのだろうか。交野の表記が奈良時代に生まれたことを考えると、この語形成のしくみがまだ存していたことになる。

11　交野郡葛葉郷

当郷の名に関わる古代文献の用例は多く、樟葉（崇神紀十年九月）・樟葉宮（継体紀元年正月）・樟葉駅（続紀和銅四年正月）・楠葉里（行基年譜）などに見えて、意字表記は、「樟葉」「楠葉」である。古事記には仮名書きを含む「久須婆之度」（崇神）・「玖須婆之河」（安康）があって、古代「クスバ」と呼ばれたことは動かない。そうした中にあって、唯一、類聚国史の伝える日本後紀の延暦十一年「閏十一月庚寅、遊猟于葛葉野」が見える。これは、和名抄の郷名とともに「クズハ」の語形を主張しうる。

『古事記傳』は二十三之巻で、「今も楠葉村ありて、須を濁《リ》、波を清《ハ》て呼《イフ》なり、和名抄にも、葛字《ノ》を書るは、中古より然呼《イヒ》しにや」と言うのみである。『地名辭書』は「古は須を清み婆を濁る。今は之に反し久受波と云ふ」とし、『地理志料』は「楠葛同訓、故互用之」とする。近年の地名叢書も特に問題にせず、『角川辞典』に「くずはのみや樟葉宮〈枚方市〉」を継体天皇の宮の名とし、『地名大系』は「くずはごう」に、「葛葉（楠葉）の地名は現枚方市《ひらかたし》の楠葉《くずは》に伝えられており、その所在については異論がない」として、明治期の記述態度と変わらない。『国史大辞典』も「くずはのまき　樟葉牧」の見出しで特には言及しない。『訳注日本史料　日本後紀』（黒板伸夫・森田悌編）は、葛葉野を「くすはの」とよみ、「葛葉は楠葉とも」と補注する。『枚方市史』第二巻は「葛葉郷はいうまでもなく旧楠葉村付近にあたる」とするのみである。このように「くずは　樟葉・楠葉」のねじれに一切注意を払わない記述態度が、わたしには不可解でならない。

用例を並べてごく単純に考えると、奈良時代から平安時代にかけて、クスバからクズハに変わり、日本後紀・和名抄の文字はその変化後の姿を残すのだ、いうことになる。すると、平安時代の日記類に見える「楠葉牧」はクズハと読まれたのだろうか。しかし、日本語史において、樹木のクス（樟・楠）、蔓草のクズ（葛）は語形が安定していた。この郷名に限って、なぜかかる変化が起こりえたのか。樟・楠と葛との間で物と名がずれたまま現在に伝えられたのはなぜか。これは地名の変遷の問題なのか、日本語史の問題なのか。だが、これへの言及のあるということを知らない。

わたしには妙案がない。ここには妄想に近い思いつきを披露する。

これまでも触れたことだが、ウ列音とオ列音の交替する現象が日本語史を通じて多く見られた。その中でスとソの交替に絞って先行研究をみると、築島裕（1969）には、平安時代の共時的な二形併存として、オホヨソ―オホヨス、ムソブ―ムスブがあり、「u―oの交替するものが特に多いやうであつて、総じてa・u・oといふ後母音についての交替が多い」とする。大坪併治（1961）には、サスラフ―サソラフが挙がっている。なお、サ行子音の音価も考慮すべきだという意見もあるだろうが、当郷のばあい、清濁の転換が関わるので、そこまで配慮するには及ばないだろう。

漢字表記が「樟／楠」から「葛」に変わった「葛葉野」が日本後紀の桓武天皇の遊猟記事に初めて登場するのは、右の事情が関与するのではないか。スとソの交替によって、クスバ（樟葉／楠葉）はクソバと発音されることがあった。これは、古事記中巻、崇神天皇段の伝える当郷の地名起源説話の原形、「屎褌《くそばかま》」を思いださせる。天皇の遊猟の場がクソバでは困るという意識がはたらいて、u—oの交替が起こったうえに、清濁音の入れ替えが生じてクズハに転じたのではないだろうか。そして、それが後世に受け継がれたのだ、と。

12　若江郡弓削郷

弓削は、今なお地名に姓に常用されており、読み方を疑う人はあるまい。だが、この漢字列「弓削」がなぜ「ユゲ」と読めるのか。岩波古語辞典に「弓（ゆみ）削（け）の転」とするのは平均的な解釈のようだが、「削《け》」は決して自明のことではない。

文献には、弓削河原（萬葉集・1385）、弓削行宮（続紀・天平神護元年十月）、弓削寺（同）、弓削朝臣（同・宝亀元年四月）などと用例は多い。続紀の神護景雲三年十月の称徳天皇行幸条に「由義宮」が初見し、翌年まで七回出現する。この宮は「弓削行宮」を改名したものかと思われるが、そのことを伝える記事はない。他の表記は「若江郡遊宜村」（今昔物語集・巻第十二第十七語）だけなので、「弓削」の安定ぶりが窺える。新古典大系本続紀は「由義」を「ユギ」と読んでいる。古い訓字表記を音仮名表記に変えるのは奈良時代一般の傾向で、「弓削」から「由義」への変更も特に珍しいことではない。当郷のばあい、「義」の新しい音によって、「ユギ」と読んだはずだ、と校注者は判断したのだろうか。

万葉仮名「義」の絡む問題は他の固有名詞にも見られた。古代、美濃国の地名に、そこを本拠として一般にムゲとよばれる氏族名は、牟宜・牟下・身毛・牟義・武義と多彩な表記がなされたが、和名抄では「武藝」郡と表記する。ここには、漢字「宜・藝・義」における漢字音の変化を反映する問題が生じた。その結果、後世の郡名には「武儀」、町・川・学校名などには「武儀・武芸・武義」などが並存する複雑なことになった（工藤 2005）。

「義」は、奈良時代にギ乙類・ゲ乙類両方の万葉仮名の用例がある。萬葉集では巻第十六の長歌〔3885〕の終わり近くに「我《あ》が美義《みげ》は　御《み》塩のはやし」、常陸国風土記では香島郡の四月十日の男女の集会の歌謡に「神の御酒《みさけ》を多義《たげ》と言ひけばかもよ」と見えるのが、ゲ乙類の仮名の例である。

当郷の宮の呼称が、ユゲ↓ユギ↓ユゲと転じたとする、新古典大系本続紀の解釈は少し非現実的なように思う。行幸を機に地名を変えることは他にもあった。神亀元年十月、聖武天皇が「弱浜」を「明光浦」に変えたのがその例で、続紀にも記録された。当郷の宮の表記を「由義」に変えることについて記事がないのは、行幸を記録するにあたって、必ずしも嘉なる文字とは言えない「弓削」を避けた、臨時の表記だったのではあるまいか。かくてわたしは、新古典大系本続紀の読みは斬新過ぎて賛成できないのである。

さて、「弓削」をユゲとよむ根拠を考えるとき、まず脳裏にうかぶのが、既に幾たびか言及した、古代文献に早く固定した固有名詞の表記、日下《くさか》・帯《たらし》である。この二つは、古事記の上表文で太安萬侶が、本文のままにして改めずとした。この同類に、飛鳥・長谷・出雲などがある。そのうち、飛鳥は「あすか」の冠辞「とぶとり」が、長谷は「はつせ」の冠辞「ながたに」が、それぞれ本辞に転じたのだろうという通説でわたしは解している。出雲はなお難しいが、その難しさは弓削とよく似ている。出雲の上字「出」はイヅの訓を、弓削の上の字「弓」は「弓」の訓ユミを想起させるからである。なお、弓末《ゆずゑ》・弓筈《ゆはず》・弓束《ゆづか》・弓弦《ゆづる》・弓原《ゆばら》など、古代の複合語には前項がユで現われる。だが、雲とモは対応せず、削とゲも対応するとは言えない。

これらの文字の背後には、現存文献が記録される以前に、漢字と日本語とのあいだに生じたずれ、後世のわたしたちの知りえない事情があるのだろう。だが、それを包む霧は深く、手がかりは見いだせない。

【文献】

工藤力男（2005）「濃飛和名抄地名新考」（『岐阜史学』百一号　岐阜史学会。本書第六章・第七章に収録）
筏　勲（1960）『正倉院文書大寶・養老戸籍の人名語の索引』（民間大学刊行会）
安田尚道（1991）「人数詞」（『國語學』第百六十四集　国語学会）
馬淵和夫（1971）『国語音韻論』（笠間書院）
犬飼　隆（1989）「有韻尾字による固有名詞の表記」（『木簡研究』十一号　木簡学会）
工藤力男（1990）「木簡類による和名抄地名の考察—日本語学のたちばから—」（『木簡研究』十二号　木簡学会）
岸田武夫（1984）『国語音韻変化の研究』（武蔵野書院）
山口佳紀（1972）「中古」（松村明著『国語史概説』　秀英出版）
金児祝夫（1947）「ハ行動詞の音便形の沿革」（『國語と國文學』第廿四巻七号　東京大学国語国文学会）
築島　裕（1969）『平安時代語新論』（東京大学出版会）
大坪併治（1961）『訓點語の研究』（風間書房）

◎本章の原論文は、「和名抄地名新考（五）」と題して『成城國文學論集』第三十一輯（2007）に掲載された。

第四章　和泉国

1　大鳥郡𣅀部郷

高山寺本は郷名の上字を「日下」の合字に作って「久散倍」の訓をもつ。大東急本と元和本の郷名は「日部」、訓は「久佐倍」、訓の第二字の万葉仮名は異なるが、三本同訓である。名博本は「田部《クサヘ》」に作り、「田」の左に「日イ」とある。『角川辞典』は「くさべ　草部〈堺市〉」、『地名大系』は「𣅀部郷《くさべごう》」とする。『地名辞書』は「日部郷」の見出しで、右に「クサベ」、左に「クサカベ」の訓をつけ、「〇今鶴田村是なり、大字草部《クサベ》あり」とする。

近代の諸注にあって、『角川辞典』『地名大系』と『地名辞書』とのあいだで記述の態度が明白に異なるわけである。『地名辞書』は、本来の読み・あるべき読みと現行の読みを標目の左右に書き分ける。当郷については、クサカベが本来の読み、クサベが現行の読みというのであろう。これはこれで筋が通っている。一方、他の二書からは本来の読みが判明しない。この二書の利用者が、当郷の成立当初からクサベであったと判断しても構わぬ、というような記述である。

郷名、氏族名、入江の名、山名にもクサカの呼称は伝えられたのに、𣅀部（クサカベ）が、表記と読みの両面から草部（クサベ）に転じたことになる。「日部」の表記が正倉院文書、高山寺本和名抄の駅名、延喜式の神名帳などに見えるとはいえ、興味ぶかい変化をとげたものである。かかる例はほかに知らないが、本書の第六章「美濃国」の厚見郡皆太郷の変化が少しは似ているといえるもしれない。詳しくはそこに譲ることにする。

2　大鳥郡常陵郷

高山寺本・名博本の郷名下字は「陵」の異体字とみなして標目とした。残る二本は、偏を三水に作る。四本とも「今為深井」と記したうえで、それぞれ、布賀井（高）、不加井（東・元）、ツカヰ（名）の訓をもつ。名博本の傍訓「ツカヰ」は「フカヰ」の誤写で、注記「深井」を見ていたら起こりえないことであった。

郷名の表記・訓・注記のありかたは、和名抄ではほかに例を見ないもので、その扱いに苦慮した諸書が誤字説を出したのは当然である。摂津国百済郡荒陵郷によってトコハカと読んだのが『地名辞書』であり、それを継承したのが『地名大系』である。

古代の用例として、行基が大鳥郡深井村に深井尼院を建てたとする「行基年譜」の記事がある。一例ではあるが、「深井」の高い信憑性は認められるので、常陵と深井の二郷に分けた『地理志料』の処理も一案として扱うに値する。ただし、「常陵」をトノキと読んだことには賛成できない。

当郷の名について最も深く踏みこんだ論は、山本信哉（1931）である。まず、元和本の「淩」は「凌」の誤写で、「淩」と「陵」は音義通ずとした。そして、周礼・漢書の注を駆使して「常淩」は氷室を言うのだとし、「今為深井」とあるのは、「深氷《ふかヒ》」のヒが井に音転したのだと説いた。だが、複雑な過程をたどる推論には無理があって、大方の支持は得られなかった。

そこに、『池邊考證』の前身である池邊の『倭名類聚抄郷名考證』が登場した。すなわち当郷に対する註記で、陵（高）、淩（元）は「浚」の誤写で、「常に浚《さら》える」意。それで「深井」の戯訓的宛字ではないか、というのである。古代地名としては他に類を見ないありようだが、萬葉集を見なれた目には「戯書」と呼ばれた表記法に似ていて興味ぶかい。だが、『池邊考證』にこの註記が見えないのは、突飛すぎると考え直したのだろうか。現時点ではこれ以外の妙案はないと思うので、残してほしい註記であった。

3　日根郡呼唹郷

本郷について、各本の表記と訓を見ると、高山寺本「呼於 乎」、大東急本・元和本「呼唹 乎」、名博本「呼於」である。この郷に相当するとおぼしい形を古代文献に探すと、高山寺本の駅名と延喜式兵部省の駅名に「噫唹」とある。訓字表記では、古事記中巻の「紀国男之水門」、神武即位前紀の「雄水門」などがある。記紀の訓字表記の「男」「雄」が、二字表記される段階で「呼唹／呼於」になったのだろうが、駅名にだけ「噫唹」の表記がなされた原因はまだ極めえていない。

和名抄の本来の表記は「呼唹」であったと推定していいのではなかろうか。高山寺本・名博本の表記は、下字の「唹」から口偏が落ちたと見なすべきだろう。なぜか。この郷名上字「呼」の音は「コ」であって「ヲ」ではない。それなのに、高山寺本など三本の訓は「乎」すなわち「ヲ」なのである。この郷名が古来「ヲ」と読まれてきたのにはわけがある。

萬葉集には「呼」の字を、「ヲ」の表記に充てたとおぼしい例が多い。味酒呼《うまさけを》〔712〕、道之永手呼《みちのながてを》〔536〕、花開《はなさき》乎呼理《ををり》〔1050〕など三十例ほどで、助詞「を」に相当する例が最も多い。これらは、木村正辞『萬葉集文字辨證』〔1904〕に「連字偏旁を増す例」とした、「𪫧怜《あはれ》」〔415ほか〕、「𡢳嬬《をとめ》」〔1942ほか〕、「嗚《あ》呼《ご》児乃浦」〔40〕などを見ている目には珍しくない。

近代の萬葉集の注釈書類でこれに言及するものはほとんど見ない。その一方で、口偏は音字であることを示す記号であるとして、この類を《和製形声字》とした大野透『萬葉假名の研究』〔1962〕の記述がある。

奈良期の文献では、歌経標式の𠯈《ヨ》（己能𠯈）・呼《を》（宇治河婆呼、他）及び肥前風土記・筑前風土記逸文・肥後風土記逸文の噲《そ》唹《（お）》に見えてゐる（p.353）

このように、古代の各種文献に見えるということは、この時代の文字社会ではかなり普及していた習慣であったことを意味するのだろう。

つまり、当郷の表記「呼」は、奈良時代に「を」の音仮名相当の文字として定着していたものだ、と断定していいだろう。下字の「唹」も口偏の文字で揃える方針で選ばれたとおぼしく、萬葉集の「連字偏旁を増す例」と同じ文字法であったのだと思う。

近年の地名叢書のうち、『地名大系 大阪府Ⅱ』は当該郷に言及している。

呼於郷《おおごう》　元来の郷名は「お」と称したが、郷名に二字の賀字を充てる政府の方針によって呼於（唹）の表字《（ママ）》を用いたものであろう。

これによって表記の変遷は分かる。しかし、「おお」と仮名づけしたことが、郷名の呼び方もそのように変わったという趣旨なのか否かは書いてない。そのため、日本語史学の側から見ると、歴史地名の扱いとしては不徹底だという印象が拭えない。その点がわたしには不満であり、それは、この叢書全体に及ぶ不満でもある。

【文献】

山本信哉（1931）「高山寺本和名類聚抄に就いて」（『史学雑誌』第四十二巻二号　史学会）

◎本章の原論文は、次章と合わせて「和名抄地名新考（六）」と題して『成城文藝』二百四号（2008）に掲載された。

第五章　摂　津　国

1　摂津国

この国名について、歴史学・地理学の視点から特に問題になることはないが、日本語史学からみると、小さな不思議がある。

「セッツ」の「摂（セッ）」は、上字「摂」の音「セフ」が後続音の関係で転じたものであって、下字「津（ツ）」は訓よみである。繰りかえして言うように、和名抄の地名に音訓交用の表記は原則としてないと言えるし、特に本条は郷名・郡名ではなく、国名である。摂津だけが例外ということはありえないだろう。

『地名辞書』は「セッツ」とよみ、「天武天皇六年其難波大宮あるを以て摂津《セツツ》職《ヌシキ》を置かる」とする。『地理志料』だけが「音訓相雑」の国名であると指摘している。現行の歴史辞典は「せっつしき」とよみ、律令制下の官司とする記述から始めているが、読み方には無関心である。国語辞典の「せっつ」の項も、地名としての説明は歴史辞典とさほど変わらない。

この国は特殊な経過で成立したため、命名もまた特殊であった。現在の国史学では、職名の「摂津職」を「せふしんしき」とよむ思想大系本律令のたちばもある。律令の文言として、学者や高官による正式な読み方はそうであったかも知れない。その職の長官「摂津職大夫」を、古典大系本日本書紀は「つのつかさのかみ」と訓よみしている。国史大系本令義解は、官位令に「摂津《スフルツノ》大夫」とあるほか、摂津亮・摂津大進・摂津少進の「摂」にも傍訓「ル」がある。塙保己一刊本の令義解では「摂」をスブルと読んだらしい。しかし、これを国名に応用するわけにはゆくまい。

萬葉集では「津国」の表記で「つのくに」とよむことが普通であった。したがって「摂津」という漢字列は役職名に関わる以外には余り用いられなかっただろう。

奈良時代、「津」は不思議な漢字であった。萬葉歌の五音句「おちたぎつ」の表記において、隕田寸津《おちたぎつ》〔1127〕では訓仮名だが、落多藝津《おちたぎつ》〔1736〕では音仮名の環境で用いられている。津乎能崎《つをのさき》〔352〕、美津能波麻備尓《みつのはまびに》〔3627〕、美津能等麻里尓《みつのとまりに》〔3722〕も音仮名環境での使用であるが、津の語義もかねた表記とも考えられる。古事記には、馬淵和夫〔1967〕が指摘した「大宜津比売《おほげつひめ》神」がある。これは「大気都比売神」とも書かれ、「津」は音仮名列中の字なので、馬淵氏は音仮名扱いされたのだと解釈した。これに対応するものとして、馬淵氏は「倭者師木登美豊朝倉曙立王〈登美二字以音〉」をひいて、「師」字には音である旨の注がないことを指摘している。

限られた用例からの推論であるが、「津」は訓字としての意識が希薄で、時には音仮名のように用いられることがあり、セッツの読み方は早く定着したことが考えられる。

2　住吉郡杭全郷

和名抄諸本の郷名表記に異同はない。訓は、久万太（高）、久末太（東・元）、クマタ（名）なので、読みも同じだと言える。『地名辞書』もクマタ郷とし、杭全《クマタ》神社を挙げる。『地理志料』は、訓に「比」の字を補ってクヒマタであったことを主張したうえで、古事記の「杙俣長日子王／咋俣永日子王」、西大寺田園目録の「久比萬多郷」を挙げた。

近年の記述をみると、『池邊考證』の用例は『地理志料』と同じである。『地名大系』は読みがクマタで、用例は右の二書と同じだが、「萬」を「万」に変えるのは、この叢書の方針である。『池邊考證』と『地名大系』に挟まれる時期に刊行された『角川辞典』も、郷名の読みはクマタであるが、用例の書き方は左掲のように少し違う。

鎌倉期には「西大寺田園目録」に「比丘尼如印仏房光明真言修中料田」八か所の1つとして「摂津国住吉郡クニマタノ郷四ノ坪一段〈永仁五年五月日比丘尼信也房〉」と見える。（寺誌叢書）。（原文は横組み）

右の引用で分かるように、寺誌叢書の表記「クニマタ」に疑念をいだいた節がない。大日本佛教全書の翻刻は右のとおりだが、ニはヒの誤りと見るべきである。

近年の記述に従うと、奈良時代はクヒマタ、和名抄の編纂時はクマタ、永仁年間はクヒマタに戻ったことを含意するが、はたしてこれでいいのか。歴史研究者の田中文英（1995）は、中世の「杭全荘」を、当然のように「くまたのしょう」としている。

以上、近代の諸注は、和名抄の記事に基づくのに、郷名の読み方にはほとんど配慮しないように見えることを指摘した。ここに新しい疑問が生まれる。高山寺本和名抄の訓はどの時点の呼び方を伝えるのか、いつ書写されたのか、と。この疑問は常にわたしの脳裏にあって悩ませたが、明快な私見を呈示しえなかった。いきおい、平安時代末期以前の書写とする山本信哉の見解（1931）をほぼ受容した諸氏の説に従ってきたが、日本語史学の視点からみると、不自然なことが多い。

早部郷と杭全郷の訓以外にも、畿内の傍訓に、山城国乙訓郡のオタキ、相楽郡のアヒラカ、大和国添上・添下郡のカフノカミ・カフノシモ、忍海郡のオキノウミ、葛上郡のカトノカミ、河内国豊島郡のトシマ、表記には、摂津国島上郡・島下郡の「鳥上・鳥下」、島上郡の「直上郷」、東生郡の「味厚郷」がある。

高山寺本の傍訓の筆跡は、本文、注のそれと同じように見えるが、右に指摘した事柄は、不注意によるとは考え難いものである。また、山城国乙訓郡の傍訓「オタキ」、愛宕郡の傍訓「アタコ」、愛宕郷の訓「於太支」は、よほど事情に疎い人の筆を思わせる。和泉国大鳥郡上神郷の訓「加都美和」、摂津国八部郡長田郷の訓「奈以多」は、単純な誤写らしからぬ、気がかりな箇所である。

かくて、高山寺本の書写時期について、わたしは少なからぬ疑念を抱いているのである。

3　東生郡味原郷

孝徳紀の白雉元年正月一日条に「車駕、味経宮に幸して云々」の記事と、「味経」に訓注「阿膩賦《あぢふ》」がある。その名称は大阪市天王寺区の味原町に伝えられている。続日本紀の延暦四年正月条の水路を開く記事に「鯵生野《あぢふの》」が見える。『池邊考證』はこれを当郷の用例としているが、『地名大系』をはじめとする諸書は、これが大阪市東淀川区北部から摂津市にかけての地名で、当郷とは別なのだという。

歴史学では、郷域が確定しがたい以外に問題になることはない。右の「味経宮」は、萬葉歌にも「奥つ鳥味経乃《あぢふの》原《はら》に」〔928〕、「御食《みけ》向《むかふ》味原宮《あぢふのみや》は」〔1062〕とあり、「味経」「味原」の両用に書かれ、「原」が「ふ」の訓を担ったことが明らかである。そればかりではない。萬葉歌の「麻原」〔3049〕はヲフの訓で安定しているほか、天智前紀の「禾田」に「アハフ」の古訓があり、和名抄の天地部田野類にも「粟田　阿波布」が見える。植物の群生する所、野鳥などの集まる所、鉱物の産出する所をさす古代日本語は「ふ」、漢字は「生」をあてることが最も一般的であった。アヂフに限って日本書紀に「味経」と書かれたのはなぜだろう。

当郷に人々の関心が向かうことは少なかった。我が関心は、古代の人々が「味原」という文字列をいかにして読み分けたかにある。歌なら歌意や音数律によって、「原」を「フ／ハラ」と読みわけ得ただろうが、地名には定型も文脈もありはしない。右に見た、天智前紀と和名抄の「あはふ」をどう考えるかという問題もある。これは、大和国城下郡室原郷でも論じたが、やはり論証の道は塞がれたままである。

ここに大胆な推論を一つ記すと、人間生活に有益な物が自然に存在する所が「ふ」、人手によってそれを育てた所が「た」であったのではないか。漢字表記「生」と「田」はその違いを反映し、「原」はその地域の広さを表現したのではないか。そう秘かに考えている。その区別が平安時代には曖昧になり、和名抄「粟田」の訓、天智前紀「禾田」の訓「アハフ」に反映したのではないだろうか。

4　西生郡雄惟郷

和名抄四本いずれも附訓せず、『池邊考證』にも用例がなく、考える手立てが極めて乏しい。釋日本紀初引の摂津国風土記の歌垣山の所在地「雄伴郡」を当地とするのが『地名辭書』である。その根拠として、雄惟を雄伴の誤写と断じ、雄伴は萬葉集の大伴の地で、御津の浜であった、大伴から雄伴への改称は、淳和天皇の諱「大伴」を避けたか音調を整えるためかと、かなり恣意的な推定を並べた。これに同調したのが『地名大系』である。

『地理志料』は、中世以降の地名「雄幄」「雄恇」を手がかりに「雄涯」からの誤字説を主張し、狩谷棭齋の「ヲノキシ」説に就いた。「雄伴」とする古事記傳などの説は、これが後の八部郡ゆえに採らずとした。

『角川辞典』は明確な態度を示さずに、『地名大系』と同じく「雄惟」の表記をとり、大伴の御津に関わるかと推定する。しかし、大伴（おほとも）から雄伴（をとも）への変化については明言しないばかりでなく、「惟」をトモとよむ根拠にも言及しない。

結局、資料を一つも挙げずに沈黙した『池邊考證』が最も賢明だと言うべきだろう。

5　島上郡高上郷

郷名表記は諸本同じであるが、訓も古代文献の使用例もないので、さまざまな誤字説が試みられた。『地理志料』の「高生」説を『地名辞書』が認め、『池邊考證』の「高於」説を『地名大系』が受け入れ、『角川辞典』は「高上」を主張した。それらを細かく見てゆくほかに解釈の方法はない。

『地理志料』の「高生」説の根拠は、武蔵・但馬の両国に高生郷があり、それは竹林《たかふ》の意だということにある。さらに安閑紀元年、三島に行幸したとき、良田を問われた県主が適切に対応して、竹林の地四十町を奉献したとあること、続日本紀の延暦三年条に摂津の史生武生連佐比乎、霊亀（「宝亀」の誤りか）三年条に武生連鳥守が見えることなどから、この地の出自と知られるというのである。この説を受けた『地名辞書』はさらに発展させ、安閑紀元年条に見える三島竹村屯倉の遺称地が今の三宅であり、三島郡分郡に当たって高生も二分されて高上・高下になったとし、和名抄に高下郷がないのは遺脱だというのである。

『池邊考證』は、『地理志料』『地名辞書』に引いた日本書紀・続日本紀の記事以外に、新たに天平勝宝九年四月七日の日付をもつ「西南角領解」を挙げてこう注記した。

本郷は「上」を「生」の誤りとするか、「高生上」の略したものとするか——そうすれば「高下」のあるのが自然であるが——、あるいはその他の説によるか現在では決定しかねるが、一応「高生」として史料を列記した。

正倉院文書「西南角領解」を大日本古文書に見ると、左記のとおりである。

秦伊美吉継手〈年卅　摂津職島上郡戸主三尾君麻呂戸口〉

その「郡」の右に「高於郷」の傍書があることをもって当郷の史料とされたのである。

『地名大系』は、高於—高生—高上と考証する見解のあることを紹介し、存疑ながら、大化前代の竹村屯倉との関連性を想定することが可能だろう、とした。『角川辞典』も「たかおのごう　高於→高上→高上郷《たかかみのごう》」の捨て見出しをおき、「たかかみのごう　高上郷」の本見出しをたてて諸説を紹介した。そのうえで、詳細は不明としながら右の古文書を引き、「高於郷は当郷を指し、地内に三尾氏が居住していたと考えられる」と結んだ。タカオからタカカミへの変遷についての言及はない。

難しい郷名である。日本語史学のたちばからまず言えるのは、「高於」がタカオの表記ではありえまいということである。理由の第一は、「高（たか）」が訓読み、「於（お）」が音読みで、かかる音訓交用表記は和名抄の地名としては異例だからである。第二、それが異例ながら存在しえたことを主張するためには、高《たか》と於《お》による命名の必然性、例えば「高き於《お》」が郷名として譲れなかったことの証明が必要である。「高き」は分かる。だが、「於」は何か。日本語史学の知見では、奈良時代、日本列島の中央、大和朝廷の膝元といえるこの地に「お」という一拍の日本語はなかったようだ。

なお、タカオという音列では、広い母音ａとｏが続いて、かなり不自然な感じがする。そのような母音連続が古代地名に皆無だというわけではない。例えば、同国豊島郡大明郷には、オホアケと読むべき訓がついている。古代文献に用例が残らず遺称地も不明だが、とにかく「明《あけ》」を捨て難い事情があったと推定される。だが、右述のように高於の「於」には想定すべき日本語が見あたらないので、その事情を推測する手だてはない。

古代文献において、「於」の字が万葉仮名と漢文の助字として以外に用いられることはごく限られただろう。わたしが思い浮かべることができるのは、萬葉集では、地名に「城於道《きのへのみち》」〔3324〕一例、意字として用いられた「寺《てら》井之於乃《ゐのうへの》かたかごの花」〔4143〕など十数例にすぎない。助字のほかには「ウへ」の意字としての用例に限られたと言ってよい。それなら、和名抄地名にも意字として用いられた蓋然性を考えるべきだろう。

「於」が意字として用いられた地名に、河内国志紀郡井於郷があり、「為乃倍／井乃倍」の訓がある。「井於」は他の文献に郷名として見えるほか、姓氏名としても用いられた。『池邊考證』は、日本霊異記（下・五）の「河内市辺井上寺之里」も挙げている。この考証にはいっそうの慎重さが必要だが、『池邊考證』の解釈の成りたつ蓋然性は大きく、「於」は萬葉集におけると同様に、意字としても用いられたと考えることができる。

以上、「高於」をタカウヘと読むことはできる。だが、この郷名の意味はなお不明とするほかはない。

6　島下郡新野郷

郷名表記は諸本に異同なく、訓による語形「ニヒヤ」にも差はないと言える。だが、事はそれではすまない。「新野」から予想される日本語はニヒノであって、ニヒヤではありえないからである。ニヒヤでは音訓交用表記になり、前項の「高於」で見たのと同じ問題に突き当たる。

『地名辭書』は特に問題にしなかったが、『地理志料』は、尾張・上野・阿波・伊予の各国に新屋郷があってニヒヤと読む、遠江・隠岐・美作にある新野郷はニヒノと読む、よって新屋の誤りである、と断じて明快である。『池邊考證』にあげた用例は、神名三柱と式内社「新屋坐天照御魂神社」一座、すべて「新屋」である。以後の諸書もそれ以外の用例を掲げない。当郷の名は中世以降、「新屋庄」さらに「新屋村」と伝えられた。

大阪府高槻市の梶原南遺跡から「新屋首乙売」の文字のある木簡が出土した。新撰姓氏録に記載のない氏族名である。宮崎康雄（1988）は、当遺跡の西方十キロに式内社があり、その周辺地域は律令期には新屋郷であったとされる、と書いている。

以上の記述から言えるのは、当郷について「新野」と書いてニヒヤと読む郷名は、和名抄にしか存在しないということである。それは何を意味するか。本稿において、高山寺本の書写時期を平安時代末期とする通説に疑問を呈してきた。その疑問は当郷にも当てはまる。よしんばその時期の書写であったにしても、書写態度と地名に関する見識は信用できない。古いからとて尊いとは限らないこともある、ということである。

当郷について近年の記述を見ると、『角川辞典』は「にいや　新屋〈茨木市〉」の標目下に「〔古代〕新野郷　平安期に見える郷名」以下の記述を載せる。これなら、新屋郷と新野郷を一目で見ることができる。一方、「新野《にいや》郷《ごう》」を標目にする『地名大系』によって、摂津国島下郡の地名「新屋」を調べようとしても、目当ての項目にすぐには到達しえない恐れがある。これは事典としては困るのではなかろうか。

研究が百年間も停滞していたような記述は避けたい。半歩でも進んだ成果を盛って示すべきである。当郷のばあい、例えば原典本文と校訂本文の並列を凡例にうたっておき、「新野郷／新屋郷　ニヒヤ」と掲げるだけでも、利用者の便宜は格段に高まるだろう。

7　島下郡宿久郷

高山寺本から元和本まで「宿人」と書かれ、名博本は「宿久」と表記する。中世文献にも記事が多く、「宿久」の地名を今に伝えるので、諸注一様に「人」は「久」の誤写だとする。いま茨木市宿久《しゅく》で、歴史学のたちばから議論すべきことはないと言えよう。

かかる状況の中で、延喜式神名帳にだけ「須久久神社」が見える。これに誤写がないとすると、諸書に見える小異の表記がかえって歴史学者を迷わせる原因になったようだ。それらの表記は、Ⅰ「宿久久」、Ⅱ「宿久御園・宿久野・宿久荘」、Ⅲ「寿久郷・寿久神社」、Ⅳ「宿御庄」に分けられる。

二拍続くクのうち、上のクだけに注目すればよい。というのは、無声の破裂音kと狭い母音uをもち、直下にもクがあるような環境では、上のクは母音が弱化しやすく、スクク［sukuku］は、クが促音化したスック［sukku］

と発音されるようになる。概略的には、平安時代に進んだ音韻変化で発生したといえる促音は、表記の定着が遅れて無表記の時期が長かった。右の分類のⅢがそれに当たるだろう。

ⅠとⅡに見える「宿」の漢字音はシュクと仮名書きされるが、古代の万葉仮名としては、地名「安宿《あすか》」、姓《かばね》「宿《すく》祢《ね》」などと用いられた。したがってⅠ・Ⅱの「宿」は、スクと読まれていたことを示すのだろう。すると、Ⅰを原則どおりスクの表記と解することに問題はない。ただ、促音化したスックの蓋然性を排除しさることもできないと。しかし、スク→スック→スクという語形変化は自然なので、その詮索にはさしたる意義はないと思う。

8　豊島郡

当郡の郡名に関わる古代の資料、古事記神武天皇段の「手島連」、天平宝字六年の造寺所公文と日本霊異記下巻第二縁の「手島郡」によって、テシマの読みがえられる。しかも、その呼称は長く伝えられたので、ほとんど疑問の抱かれる余地がない。だが、高山寺本に傍訓「トシマ」、延喜式の傍訓も、神名帳の「テシマ」と民部省の「トシマ」があって、やはり混乱のあったことが知られる。ここにも書写や附訓の時期、それに携わった人の成育歴や見識への疑問が拭いがたい。「豊島」の上字「豊」の訓をめぐる問題は、かつて工藤（1975）で論じたので、ここにその要点を記す。

古代日本語にあって、エ列音一拍で状態を意味する語がいくつかあった。その語義を代表的な漢字で括弧書きして示すと、確かなのは、ケ（異）・セ（狭）・テ（豊）・ヘ（速）・エ（吉）である。これらは、古代語の研究者間では「形状言」と呼ばれることがある。要するに形容詞以前の形態の語であるが、いずれも順当に形容詞や情態副詞に発達することはなかったようである。代表を「エ（吉）」に採ると、これはヤ行のエ（ye）で、天智紀十年の歌謡の「美曳之弩能《みえしのの》　曳之弩能阿喩《えしののあゆ》」にそれは見える。吉野はエシノだったのである。これは、難波の地名「スミノエ」が「スミヨシ」になった変化も説明してくれる。

続けて他の語を見ると、ケ（異）は、状態性の意味の語と考えられるので、通常ならク活用形容詞になるはずだが、シク活用形容詞「異し《け》」になった。セ（狭）は接尾辞「バ」を得て形容詞「セバシ」に、ヘ（速）は母音交替形「ハ」と接尾辞「ヤ」によって形容詞「ハヤシ」を派生した。

当面の課題である「豊島」について見ると、「豊（テ）」は二つの方策で生き延びた。このままの形で連体修飾する道と、テの母音交替形トに接尾辞ヨを得て肥大形「トヨ」になる道である。前者テは当郡の名と瀬戸内海の島の名に残っている。トで機能した例は、和名抄では武蔵国豊島郡と安藝国高田郡豊島郷にトシマの訓で見える。この違いは地域によって生じたとでも考えざるを得ない。

とまれ、豊島《てしま》は古い語形・語法が残った地名である。

9　兎原郡

この郡名の上字は、諸本に異体字が用いられているので、標目には元和本の文字で掲げた。以下の記述もこの字体による。大東急本・元和本の郡部に「宇波良」の訓、高山寺本に「ウハラ」の振仮名があって問題はないようだが、わたしは二つの点が気になる。

その一。天福寺本系統をはじめとする伊勢物語の第三十三段・八十七段などに、当地を指すと思われる「むはらのこほり」とする本文が見えること、延喜式神名帳の「兎原郡」に、九條本・金剛寺本がムハラと振仮名していることなどである。そこで、『地名大系 兵庫県Ⅰ』が「二種の読み方のある理由は明らかでない」と書くようなことになった。

兎《う》と原《はら》の複合語「兎原」のばあい、後項の語頭のハが濁音バに転ずることは不自然ではない。奈良時代に前項が一拍の語で類例を探すと、檜原《ひばら》・茅花《つばな》・尾花《をばな》・小舟《をぶね》などがあって、ウハラの連濁したウバラがあったと解釈できる。濁音を表記しないことは平安時代の仮名文献に普通のことであった。日本語史学の知見によると、第一拍がウ、第二拍が唇音m・bで広い母音を有するばあい、例えばウマ（馬）・ウバラ（茨）・ウマゴ（孫）・ウバフ（奪）・ウベ（宜）などは、その第一拍が「ウ」で書かれたのは平安時代初期ころまでで、次第に「ム」で書かれるように変わった。郡名「兎原」はウハラとして成立し、連濁でウバラに転じ、それがのちに「ムハラ」と表記されたのは、まさに右の経過そのものである。この段階の「ハ」の発音は、当然濁音「バ」で実現していたはずである。

その二。萬葉集巻第九、「葦屋処女墓」に因む田辺福麻呂歌集所出の歌群〔1801～03〕、「兎原処女墓」にちなむ高橋連虫麻呂歌集所出の歌群〔1809～11〕の表記と読みである。題詞は右のように地名表記が二種あり、歌中には「兎名日《うなひ》処女・兎会《うなひ》処女・兎名負《うなひ》処女・宇奈比《うなひ》処女」と書かれる。この処女をめぐる男の一方も、「宇奈比《うなひ》壮士・兎原壮士」と書かれる。仮名表記は特に問題にはならないが、「兎原」がなぜウナヒの訓を担えたのか。

『地名辞書』は、菟名負《ウナビ》とあるので、原名は海辺《うなべ》で海原《ウナハラ》とも称し、転じて菟原になったのだとした。『地理志料』も似た解釈で、兎原の古訓は宇奈比、兎之原《ウナビ》で海辺をいう、この国の味原郷を日本書紀に味経とも書くのは、ハヒフへ一声相通だから、とした。これらに比べると、『角川辞典』は至って淡白である。兎原郡の条でこの歌群に言及しながら、「兎原処女」で通し、読み方には一語も費やさない。

従来、自分をも含む萬葉集の研究者がこの件に余り関心を示さなかったのは不思議である。以下は推定の域を出ないが、「ウナヒ」はこの小地域の呼び名、「兎原《うはら》」は広い地域である郡を覆う新しい呼び名ではないか。伝承歌ゆえ、主人公の名は古い呼称「ウナヒ」で残り、表記には新しい「兎原」が用いられたと考えるのである。

10　能勢郡枳根郷

遺称地が能勢町「枳根」にあり、郷名表記も諸本に異同がない。和名抄に見るその訓は、岐祢（高）、木子（東・元）、キ子（名）で、仮名字母は異なるが、同一の読みと判断できる。だが、郷名の「枳」は音読み、「根」は訓読み、例の音訓交用表記である。

古代の用例は乏しく、『池邊考證』は延喜式神名帳の「岐尼神社」しか挙げていない。近代の地名叢書を見ると、『地名大系 大阪府Ⅰ』には、応徳元年（1084）十月十二日、「摂津国採銅所領等連署解案」（壬生家文書）の「枳根山口」があり、承安四年（1174）九月八日の「住吉社造営日吉社領上枳禰荘課事」の荘園名「枳禰荘」が初出する（吉記）。

中世の状況を『角川辞典』に見ると、正元元年（1259）七月廿七日の関東下知状案（多田神社文書）に「摂津国枳禰荘」、永和元年（1375）四月廿八日の京極高秀書下に「枳禰荘棟別」とあることが挙げられる。江戸時代以降、枳禰・枳根とも書き、俗に枳宮村とも呼ばれ、枳禰神社は杵宮・杵大明神とも書かれている。社名「キネ」にことよせて杵の出現に縁づけられたのである。

これらによると、「枳根」の文字は、和名抄と壬生家文書という平安時代の二資料にしか見えない。今のわたしには、この先に進むすべがない。もっと異なる視点からの考察が必要なのかも知れない。

【文献】

馬淵和夫（1967）『上代のことば』（至文堂）
田中文英（1995）「摂津国」（『講座日本荘園史』7　吉川弘文館）

山本信哉（1931）「高山寺本和名類聚抄に就いて」（『史学雑誌』第四十二巻二号　史学会）
宮崎康雄（1988）「一九八八年出土の木簡　大阪・梶原遺跡」（『木簡研究』十号　木簡学会）
工藤力男（1975）「古代形容詞の形成に関する一つの問題―スミノエとスミヨシをめぐって」（『萬葉』九十号　萬葉学会）

◎本章の原論文は、前章と合わせて「和名抄地名新考（六）」と題して『成城文藝』二百四号（2008）に掲載された。

第六章　美濃国

0　はじめに

昭和五十三年末から刊行が始まった『角川日本地名大辞典』全五十一巻、その翌年春から刊行が始まった平凡社の『日本歴史地名大系』全五十巻は、昭和期の出版界における二大慶事であった、とわたしは考えている。縁あってこの後者の事業の一端に、『岐阜県の地名』の編集委員として参画することになったとき、わたしには秘かに期することがあった。それまで刊行されていた他の巻々への不満を少しでも晴らそうということで、その不満は、特に古代地名の解釈にあった。

多くの他巻の担当者は、日本史学を専攻したひと、地理学を専攻したひと、そしていわゆる郷土史家が大半であった。その地名の解釈・説明において、古代日本語にはありえない語形や変化の想定されることが少なくなかった。古代の地名は古代日本語の論理で、中世地名は中世日本語の論理で説明しうることが望ましいはずである。ところが、対象が地名となると、この単純な原則がいとも簡単に無視されてしまうことが多いのである。『岐阜県の地名』の古代地名については、かかる事態を少しでも減らしたい、そう考えて、わたしは担当項目に対処した。

『岐阜県の地名』刊行から時間がたつにつれて、もっと詳しく論じたい部分、考えの未熟であった部分、後に発見された資料によって補足や訂正のしたい部分も見えるようになった。そこで起こしたのが本稿である。記述の体裁は本書に収めた畿内の各篇に同ずる。

初めに、本章にだけ引かれることの多い三つの文献について略記する。

『濃陽志略』写本十巻。尾張藩士の松平秀雲が書いた地誌。宝暦六年（1756）成る。

『新撰美濃志』卅巻。尾張藩士の岡田啓が天保初年（1830）から万延元年（1860）までに書いた地誌の遺稿を昭和九年（1934）に刊行したもの。略称『美濃志』

『濃飛両国通史 上・下』阿部榮之助著・岐阜県教育会編刊（1923〜24）。略称『両国通史』。

1　多藝郡

当国の地名は冒頭から厄介な問題を抱えている。「多藝」の読みは「タギ」なのか、「タキ」なのか。近年は迷わずに読みが附けられる傾向にあるのに、その根拠を示したものは少ない。

この郡名について多くの人が思い出すのは、古事記景行天皇段の倭建命の説話であろう。伊服岐能山《いふきのやま》の神による難に遭って歩行かなわず、「当藝《たぎ》当藝《たぎ》斯玖《しく》成りぬ」と宣うたので、そこを「当藝野《たぎの》」と言うのだと。倭建命関係の説話全体の配置から見ても、この地を美濃国西南部に求めることは自然であり、郡名との繋がりは疑い難いので、タギと読みたい。一方、のちに養老の滝と呼ばれる滝に因む郡名と見ることにも無理はないので、タキと読みたい。かくて判断は揺れるのである。

この郡名は幾つかの表記をもつ。新しいものはないが、『池邊考證』を参考にして、用例の出典をおおむね初出順に排する。各行下の数字は、複数個あるばあいの用例数である。

多伎郡　続日本紀の大宝二年条。

多藝郡　和銅二年の弘福寺田畠流記資財帳。続日本紀。文徳実録。三代実録。6

多藝行宮　萬葉集の題詞〔1034〕。
當耆郡　続日本紀の養老元年条。3
當嗜郡　天平四年の智識優婆塞等貢進文。
當伎郡　続日本紀の天平十二年条。
田木郡　天平十七八年ごろの墨書土器。
多紀郡　続日本後紀の承和五年条。
多伎神社　延喜式神名帳。

最も早い表記が続日本紀大宝二年の「多伎郡」であることが問題を難しくしている。かかる事態に直面したとき、萬葉集に手がかりを求めるのは常套手段なのだが、この問題にはそれが余り役だたない。滝を詠んだ歌は多いが、廿例ほどが意字表記「瀧」である、仮名表記は「岩ばしる多伎もとどろに」〔3617〕の一つしかない。しかも、水が岩にあたって勢いよく流れるさまは、歌では「たぎつ」とも表現され、これもまたタギツとよむべき仮名書き八例のほかに、意字表記「瀧」「激」がほぼ同数見えるのである。

かくて、一向に解決の兆しが見えないので、両形の存在を推定せざるをえないのが現状である。例えば『岩波古語辞典』は「たき（滝）」の項に、「タギチ（激）・タギリ（滾）のタギと同根。奈良時代にはタギと濁音であったろう。平安時代以後タキと清音」とある。かかる結論に至ったのは、古い用例には語頭の二音節を「當」で書いたもの、あるいは第二音節を「藝」で書いたものが多いことによるのだろう。上字に用いられた「當」の漢字音を簡略に示すと、[tang]、下字の「藝」は、[ngei] となろうか。上字の末尾と下字の頭が [ng] で重なる。古代日本語の文字論で《連合仮名》とよばれる用法である。上字の末尾音が [ng] の連合仮名の同類には、英賀《あが》郡（備中国）、平群《へぐり》郡（大和国）などがあり、奄藝郡（伊勢国）、含藝郷（播磨国印南郡）、信藝郷（遠江国山名郡）は、いずれも上字の末尾音［m］あるいは［n］が、下字「藝」の頭子音［ng］に続いている。

「當耆」「當嗜」「當伎」の下字は、上字の末尾音をうけて濁音に発音された蓋然性が高いので、タギと見てよいだろう。「田木」は天平時代のものだが、字訓表記なので、タギの読みを妨げるものではない。ただし、この郡名のギは甲類の仮名で書かれるのが通例なので、キ乙類で書かれる「木」は仮名違いである。だが、訓字はこの原則に対して緩やかなのが一般である。しかも、この墨書土器は公式文書ならぬ、民衆の手によるものゆえ、音韻史の詮索の対象には不向きである。

最後に、平安時代の仮名表記は清濁を厳密には区別しないので、「多伎」「多紀」でもタキであったとする材料にはならない。奈良時代、当郡の本来の呼称はタギであったが、次第にタキに変わった。その変化には、タキ／タギで揺れていた「滝」の語形がタキで安定したことも関わっているだろう。これが、わたしの暫定的な結論で、『地名大系』の当該条にも、そのように書いた。

2　多藝郡富上郡

本文を「富士」としてフクツチと読む『濃陽志略』『両国通史』の説、フツチと読む『美濃志』『地名辭書』の説は、いずれも成りたちがたい。前者は本文全体を改訂した上での読みであるが、「富」にフクの訓を負わせて正式な地名表記に用いた例は未見である。この文字列のままでフツチとよむ後者の説では、上字を音よみ、下字を訓よみすることになる。だが、そのような音訓交用は和名抄地名の表記では極めて特殊なので、できれば避けたい。上字が「富」である他の地名を見ると、富野（山城国久世郡）、富樫郷（加賀国石川郡）、富岡郷（周防国都濃郡）の「富」には、いずれもトムと読むべき訓がある。無論、音仮名による駿河国富士郡には「浮志」の訓がある。

『角川辞典』は、『大日本史』の「富上之上、疑土之誤」説を紹介して、この文字のままでフガミと読む。「富士之上」でフツチノカミだからフガミだというのだろう。だが、まずフツチの訓が成りたちがたいし、和名抄に見る分割地名は、よほど長くても原形を残したうえで、上・下をつけて呼ぶ慣わしだったようだ。例えば、大和国葛城郡が分かれて「葛上」「葛下」となっても、訓は「加豆良木乃可美《かづらきのかみ》／之毛《しも》」だし、相模国足柄郡が「足上」「足下」になっても、訓は「アシガラノカミ／シモ」である。また、もし分割地名なら、もう一方の「富下郷」が存在するはずであるが、ここにはそれがない。

肥後国益城郡の富神郷になぞらえてトミノカミと読む『地理志料』の説がまだ穏やかに見える。すなわち、新撰姓氏録の登美氏、文徳天皇実録仁寿三年の美濃大掾登美真人直名の本貫かとするのである。奈良時代の用例が出ていないので確かなことは言えないが、この郷名表記が平安時代に成ったものなら、その蓋然性を否定する根拠はない。もう一方の「富下郷」の見えない難点は残るので、あくまでも次善の案に過ぎず、前項と同じく『地名大系』の記述以上に出ることはできない。

3　多藝郡垂穂郷

『地名大系』の記述を超えて何かを加えることはほとんどない。上字が、大東急本では明らかに「乗」とあって、高山寺本と異なるが、名博本は「垂穂《タルホ》」である。

「垂」と「乗」のあいだに誤写の起こる蓋然性は否定できない。古代の唯一の用例は、諸書にも引かれ、1の項にも引いた、正倉院文書の智識優婆塞等貢進文の「美濃国當嗜郡垂穂郷三宅里戸頭秦公麿之戸口」である。『正倉院古文書影印集成』第七巻の写真では、「垂」字の終わり部分が高山寺本と同じく「山」で書かれている。これは古代以来行われた「垂」の通用字である。よって、大東急本は誤写とおぼしく、「たるほ」の読みは動かない。

4　多藝郡有田郷

当郷の古代の用例は皆無である。そこで、中世の用例による推測が行われ、定説のように扱われることに異議を唱えて、工藤稿（1979）を書いたのだった。以来、事態は少しも変わらず、我が探索も『地名大系』の記述で止まっている。

『池邊考證』は、用例に治承四年（1180）五月の皇嘉門院惣処分状の「うたのちよくし」を挙げた。『岐阜県史』通史編古代（1971）は、平安時代に見える郷名として、養老町宇田を遺称地とした。『角川辞典』は、寛正六年（1465）卯月十四日づけの懸仏裏面の墨書銘「宇田郷住人　藤原吉家」以下の用例を根拠とし、遺称地については『岐阜県史』がそれに賛同した。

工藤稿では、和名抄の地名においてウの音節は「宇」で書かれるのが一般であること、「有（ウ）田（だ）」のような音訓交用表記は極めて例外的であること、この二点を根拠としてウダの読みには賛成しがたいと述べた。音訓交用表記をするなら、「宇田」なり「汙田」なりを用いればよく、誤読の恐れのある「有田」と書く必要はないからである。かくて、文字に即してアリタとよむのが最も自然なのだが、これは、当地がのちにウダと呼ばれるようになったことを否定するものではない。

5　多藝郡田後郷

萬葉集巻第六に、天平十二年の聖武天皇の行幸に従った大伴東人が美濃国多藝行宮で、老人が若返るという有名な滝をよんだ歌〔1034〕と、大伴家持の「田跡河の滝を清みかいにしへゆ宮づかへけむ多藝の野の上に」〔1035〕を収めている。『両国通史』以来の諸書は、これを根拠に「たど」とよむことでほぼ一致している。続日本紀養老元年の「美濃国當嗜郡多度山美泉」への行幸もその訓を支えている。かくて、ほとんど問題がないように見えるが、『池邊考證』にはこの郷名の用例を一つも挙げないのはなぜだろう。

和名抄には当郷と同じ「田後」がほかに、上野国那波郡と下野国都賀郡の郷名、常陸国と薩摩国の駅名などにあり、上野国のそれには「多之利」の訓がある。『地理志料』はこの訓を採らず、讃岐国多度郡の名と同じとした。続日本紀の「多度山美泉」ゆえである。だが、萬葉集と続日本紀のこの両語のあいだには一つの問題がある。

萬葉歌の「田跡」の訓は諸注「たど」である。だが、漢字「跡」から想起される和語は「あと」で、萬葉集には「朝開き漕ぎにし船の跡なきごとし」〔351〕のように用いられた五例を見る。この語の構造は「足（あ）- 跡（と）」であろう。「跡」の文字は、萬葉集では助詞や副詞の語尾「と」などに当てた訓仮名として三百廿例ほどのほか、地名「跡見《とみ》」の表記も題詞と歌に七例を数える。語頭以外の位置や助詞として「ど」の訓仮名用例も五十ほどある。つまり、奈良時代の「跡」は、「あと乙」「と乙」の意字のほかに、訓仮名「ど乙」としても活発だったのである。萬葉集には「あられ降り 遠江《とほつあふみの》 吾跡川楊 刈れどもまたも生ふと言ふ余跡川楊」〔1293〕という旋頭歌がある。音数から推して傍線部は「あどかはやなぎ」と読めるので、これも先の大伴家持の歌の「田跡河」の訓「たどかは」の支えになる。諸書が本郷「田後」をタドとよむ背景にはこうした事情があるのだと思う。

上代特殊仮名遣の観点からいうと、「田跡」はタド乙であるのに、「多度」はタド甲で仮名違いである。だが、前者は訓字表記ゆえに音形に厳密は期しがたいことを、1の条で述べた。かくて、ドの甲乙類の差を重大に考えなければ、「田跡」と「多度」が同一地を指したと言えるのである。だからとて、「田後」がタドであったとは言えない。「後」が「あと」の訓をもつのは遥かのちのこと、辞書への登載は、慶応三年のヘボン『和英語林集成』が最初とされる。かくて、『地名大系』に書いたように、上野国那波郡田後郷の訓に同じく、第二音節が濁音の「たじり」と読み、その上で遺称地を求めるべきである。

遺称地については、多藝郡大場村とする『美濃志』『地理志料』の説と、上石津町宮とする『地名辞書』『両国通史』の説がある。読み方は、『両国通史』が相模国高座郡大庭郷の訓「於保無波」によった。宮を遺称地とするのは、多藝郡の式内社「大神神社」に関連づけるからである。だが、その大神神社の所在地を明らかにすることは容易でない。

6　石津郡大庭郷

平安時代の日本語で、語中あるいは語末のハ行音がワ行音に転ずるのは、日本語史学では、ハ行音の《転呼現象》などと呼ばれる。これは大規模な音韻変化で、例外は極めて少ない。大庭のばあいは、オホニハがオヲニワに変わる。平安時代にはまた、ニ・ヌ・ミ・ム・ビ・リなどの音節には《撥音便化》が起こった。当該語でいうと、オホニハがオホンハに転ずるのだが、その撥音、ここでは「n」を表記する文字がなかったので、無表記のままに置かれることもあった。右に見た相模国大庭郷の訓の撥音は、高山寺本では「无」、大東急本では「無」の文字で書いている。その際、撥音の鼻音に続く「ハ」は、ワ行音に転ずるより前に「バ」に転ずる方が早かったかと思う。オヲンワならぬ「オヲンバ」が生まれるのである。よって、この郷名の訓の「无／無」のあとの万葉仮名「波」は、濁音の「バ」と考えるのが筋であろう。

これらの音韻変化は、和名抄の訓の表記からも窺えるように、撥音便化が先行して十世紀半ばから盛んになる。延喜式はこれより少し前に編まれた。延喜式の「大神神社」を「大庭郷」と結びつけて考えるのが旧来の説であるが、右に見た音韻変化の過程にオオミワを見いだすことは難しい。大神神社は勢力の大きな神社で、日本の各地に勧請されたので、後代この神社があるという理由で遺称地とすることはためらわれる。

かくて、冒頭に紹介した旧来の二説のうち、わたしは日本語史の観点から大場説を支持する。同地の所属は多藝郡から石津郡へ、また多藝郡へと変わっているが、当郷は、揖斐川のほとりにあって郡境に位置するので、所属の変更はありうる。今も岐阜県に入るか長野県に残るかで紛糾している所もある。

以上、『地名大系』に示した解釈に部分的な修正を施した。

7　不破郡有宝郷

当郷の読み方については『地名大系』の記述に加筆する要はないが、新出資料を一つだけ紹介したい。奈良県明日香村の石神遺跡の第十九次調査で出土した木簡である。『木簡研究』廿六号（2004）から引く。

・戊寅年四月廿六□　〔表〕
・汙富五十戸大□□　〔裏〕

上部に切り込みがあるので、付札木簡と推測される。表の面の行末の文字は「日」らしいという。裏の第二字「富」は、奈良時代にさほど一般的な仮名ではないが、嘉字として「ホ」の仮名に用いたのだろう。かくて「汙富」はウホと読まれ、当郷「有宝」に当たることになる。戊寅の年は天武天皇七年である。

因みに、「宝」字をもつ郡郷名には、参河国宝《ほ》飫郡、遠江国磐田郡飫宝《おほ》郡、周防国吉敷郡伊宝《いほ》郷がある。

8　不破郡新居郷

『地名大系』に書いたように、訓「アライ」の可能性だけは排除できたが、「新居」の訓は定まらなかった。これに「新井」「新家」「新屋」も加えると、和名抄の郡郷名はかなりの数に達する上に、高山寺本、大東急本の訓は必ずしも一致しない。しかも、高山寺本の「新居」の訓はさまざまである。

古代史の文献に見える「新居」「新家」は、古来「にひのみ」と読まれてきた。その語義をはっきり書いたものには、平凡社『大辞典』（1936）の「新居首（ニイノミノオビト）」の、「新家は新たに設けられた屯倉をいふ」がある。これは、日本書紀宣化天皇元年五月一日の詔に見える、食糧の運搬と貯蔵に関して「物部大連麁鹿火は、新家連を遣して、新家屯倉の穀を運ばしむべし」と読める記事を短絡させた結果のようだ。これによって新家連と新家郷との関係の深さは分かるが、新居郷との関係は分からない。

そこに、前項と同じように石神遺跡から木簡が出た。

・乙酉年九月三野国不×　〔表〕

・評新野見里人止支ツ□俵六　〔裏〕

乙酉年は天武天皇十四年に当たる。表の面の下部がかけているが、その文字は裏への続きから「破」の蓋然性が大きい。不破評である。割書きは「俵六斗」と推定されている。「新野見里」が「ニヒノミノサト」とよんで当郷に比定できることは疑いない。他国の「新居」も同じく読めるだろうから、訓については積年の疑問が解けたように見える。

	郷名（国名・郡名）	《高本》	《東本》
1	新井（遠江・城飼）	迩比為	爾比井
2	新居（駿河・有度）	尓比井	爾比井
3	新居（阿波・勝浦）	迩比之為	尓比乃井
4	新居（讃岐・阿野）	迩比乃美	尓比乃美
5a	新居（上野・甘楽）	迩比也	
5b	新屋（上野・甘楽）		爾比也
6	新野（摂津・島下）	尓比夜	爾比夜

類似の表記が全国にこれだけ散在するのは、各地独自の名づけではなく、制度的な命名だと思うが、近年の歴史家は固有名詞として以外に関心を示さず、歴史辞典類から教えられることはない。これを手がかりに和名抄諸本の訓の性質を再検討することが必要である。だが、用例から帰納されることが著しく錯綜して、わたしは結論が下せずにいる。その錯綜ぶりの一端を示そう。

上表の5aと5bは、同一郷の高山寺本と大東急本の表記である。1と2で等しい訓を有する「新井」と「新居」の関係は何か、

2・3・4で郷名表記の同じ「新居」の訓が異なるのはなぜか、同一郷をさして訓が等しい5aと5bとで郷名表記が異なるのはなぜか、などである。6では、郷名が音訓交用表記なので、訓の誤りかと見えるが、当郷には延喜式の新屋坐天照御魂神社があり、平安時代初期の史料にも見えるので、むしろ郷名表記の誤りかと思われる。

右の周辺にこんなこともある。和名抄には記載されないが、天平年間の資料に見える遠江国浜名郡「新居」郷が、浜松市の伊場遺跡から出土した木簡に、辛卯年十二月の年紀、「新井里人宗我部□□」の文字で見える。この年は持統天皇の五年で、この地名がのちの新居にあたることから考えると、「新居」と「新井」の関係は無視できない。

上引の「三野国不□／評新野見里」は地名の由来を語っていると思うが、単純に「新しい野を見る」の意なのか不明である。結論を保留してさらに考えるべきだろう。

9　不破郡遠佐郷

当郷の表記が大東急本と版本に「表佐」とあることについては、工藤（1979）で述べたように、「遠佐」が「袁佐」とも書かれ、やがて「表佐」に誤られたのだろう。近江国伊香郡の遠佐郷も、大東急本と版本は「遂佐」に誤っている。遠佐郷は但馬国養父郡にもあり、『池邊考證』は、「天平勝宝七年五月老佐郷」と記された平城宮跡出土木簡を挙げている。この「老」は存疑の文字であるが、ここでこれ以上は言及しない。

当郷の古代における貴重な用例となる木簡が、やはり石神遺跡から出土した。

・□□年十一月三□国□波評　〔表〕

・曰佐里勝マ支佐手春白米□斗　〔裏〕

和名抄で「曰」がヲの仮名として用いられたのは、筑前国那賀郡曰佐郷だけである。ほかには二音節仮名「ワタ」の文字として郡郷駅名「曰理」に用いた十数例と、未詳の表記たる武蔵国豊島郡曰頭郷（大東急本・版本は「日頭」）

がある。この郷名が曰佐氏に因むことは大方の認めるところだが、一見して珍しいその用字は一考に値するだろう。日本書紀欽明天皇十五年条に曰佐分屋の名が見えることから、大野透『萬葉假名の研究』には、「曰佐」が百済人所成の表記である蓋然性を述べ、新撰姓氏録の山城皇別条に、欽明天皇の時に曰佐氏の同族四人が国民三十五人を率いて帰化し、訳を務めとしたので、時の人が訳氏と呼んだという記事を引いている。そして、曰佐が訳語・通訳とも書かれる「ヲサ」に因む義字的表記の面が否定できないとした。『説文』『廣雅』の釈、「曰、詞也」を見るまでもなく賛同できる解である。

10　不破郡丈部郷

「丈部」は大東急本の表記で、高山寺本は「大部」。『角川辞典』は旧注の誤字説「文部」によってアヤベと訓じた。だが、東西の文氏の「文」は、アヤならぬフミと読むのが古代史学の常識ではなかったか。「文部」もそれに準ずるべきだと考えたので、『地名大系』には「杖部」の略字の「丈部」としてハセツカイベと訓じ、「あるいはハセツカベに変わっていたかもしれない」としておいた。高山寺本の訓を見ると、安房国長狭郡丈部郷の「波世豆加比」、伊勢国朝明郡杖部郷の「波世津加へ」のように、六音節だった郷名は五音節の形に短縮されて見えるからである。よって、『地名大系』の記述のままでよいと考える。

11　不破郡高家郷

『角川辞典』はタカヤと読み、関ケ原町玉付近に当てる『両国通史』『岐阜県史』の説を紹介した上で、「明かではない」とする。「高家」を「たかや」と読むのは後代の訓に引かれたものである。古代、漢字「屋」と「家」の訓はおおむね区別され、それぞれ「や」「いへ／やけ」とよむのが一般であった。「や」は住居としての建物を主眼とした語、「いへ」は建物と家族を含む語、「やけ」は「宅」で書かれて屋敷をいう語であったようだ。その違いは和名抄の訓にも反映しており、『地名大系』に述べたように、信濃国安曇郡高家郷の訓「多支へ」（高山寺本）・「太木倍」（大東急本）に準じて「たきへ」と読むのが無難である。

12　不破郡藍川郷

右の7「有宝郷」・8「新居郷」・9「遠佐郷」と同じく、奈良県明日香村の石神遺跡から出土した木簡がある。

・鮎川五十戸丸子マ多加
□島連淡佐充干食同五□□三枝マ□　〔表〕
・□□マ□□□□□□□□□□□
□マ白干食大野五十戸委文マ代□　〔裏〕

「鮎川」「大野」ともに、「里」以前の「五十戸」で表記されている。市大樹（2004）は、「鮎川」が不破郡藍川郷、「大野」が当国大野郡に関わる地名かと推定した。

「鮎」を上字にもつ和名抄地名は、武蔵国久良郡「鮎浦」しか見えない。その「鮎」を、『池邊考證』には「鮐」の誤りかとしている。「大野」はありふれた地名で、当郡のものとする決め手はない。平安時代半ばまでに、「鮎川」が「藍川」に、すなわち鮎が藍に変わることは、自然な音韻変化では起こりにくい。意図的な改変なら話は別であるが。

よって、この木簡の「鮎川五十戸」を当郷に当てるには慎重でなくてはならない。

13　池田郡伊福郷

『地名大系』では、和名抄編纂時という条件を考えて「いふく」と読んでおいた。この郷名の成立には、景行天皇の皇子・五百木入日子命の母が尾張氏であり、伊福部氏が美濃尾張地方に勢力を張っていたので、状況証拠から考えて、五百木入日子命の名代部説が断然有利である。

藤原京時代は、「五百木」「五百城」「廬城」などと書かれているので、イホキと呼ばれたことは動かない。平城京時代、国郡名の音仮名化に同調して、氏族名も音仮名表記が好まれた。イホキも「伊福」と書かれ、続日本紀・新撰姓氏録には「伊福」以外の表記を見なくなる。そして平安時代、郷名の由来が意識されなくなると、次第に漢字の標準的な音による「イフク」が行われたのであろう。

14　安八郡

『地名大系』で当郡に関する記述は、美濃国の部ではなく、岐阜県の部で、別の担当者によってなされている。その記述を左に引く。

当郡は「日本書紀」天武天皇元年（六七二）六月二二日条に安八磨郡とみえるが、大宝二年（七〇二）一一月日の御野国味蜂間郡春部里戸籍（正倉院文書）にみえる味蜂間《あじはちま》郡が、古い郡名を最もよく伝える。（略）郡名の表記は後述のように八世紀初めに安八とされ、以後異表記はみられない。「和名抄」には訓を欠くが「延喜式」神名帳に「アハチ」、「拾芥抄」に「アハ」とあり、のちアンパチと訓じられるようになった。

長いあいだ、わたしは日本書紀の「安八磨」とその訓「アハチ」をいぶかしく思っていた。文字の誤脱も予想したが、諸本に異同はなく、本文はこのままで解釈せざるをえなかった。だが、右の引用部分を読むと、まるでアヂハチマ→アハチ→アハ→アンパチと変化したと解しているようだ。日本語史の視点からみると、この変化はいかにも奇妙である。

大宝二年戸籍の郡名「味蜂間」は、和銅二年弘福寺田畠流記帳の「美濃国味蜂間郡」もあることゆえ、文字どおり「アヂハチマ」と読んでいいだろう。後世の歴史家を惑わせたのは歴史書の本文とその附訓である。右にも引かれた天武紀元年六月廿二日の詔「安八磨」は、その時の詔勅の文字と見ていいものだろうか。もしそうだったら、人民統治の基本資料たる戸籍の郡名表記が、三十年前の詔の表記よりも古い形態を残していることになる。『岐阜県史』には、地名に好字をつける和銅六年五月の法令で二字の郡名「安八」になった、と推定している。この推測はいいが、右の詔の「安八磨」も「郡」も後の表記だ、とわたしは考えている。

『池邊考證』以後、この郡名の考察に役だちそうな木簡三点が出土した。藤原宮跡からの①、飛鳥京跡苑池遺跡からの②と③である。

① 味蜂間郡胡麻油一斗九升（『木簡研究』十一号 1990）

② 三野国安八麻評（『木簡研究』廿五号 2003）

③ 四尺三寸　味八間王（同右）

味八間王は、続日本紀の慶雲二年正月条に従四位下を授けられた記事と、養老三年正月条に正四位下で卒した記事に「安八万王」とある人と推測されている。この人の系譜・経歴を知る手がかりは見当たらず推測のほかないのだが、当郡ゆかりの乳母に因む名ではあるまいか。そうすると、奈良時代以降、「味蜂間」「味八間」「安八麻・安八磨・安八万」「安八」、四種六類の表記がなされたことになる。

「安八」は和銅年間以後の正式な表記であり、「味蜂間」「味八間」は文字どおり「アヂハチマ」と読めるので、当面の問題は残る二種に絞られる。こうして見ると、問題は意外に単純である。すなわち、一方で「アヂ（味）ハチマ」という郡名を用いながら、他方で「アハチマ」の郡名を用いることが、現実の行政単位でありえたか、ということである。この地名は合成地名のようにもみえるが、意字表記なのに由来が分からない。二拍語の「味」「蜂」はもう分割できない。そのような地名から一拍を省いて呼ぶのは、東山をヒシヤマ、桶狭間とオハザマと呼ぶようなもので、いかにも不自然である。無論、三拍か四拍が普通である日本の地名の常識に照らすと、五拍では長いので、できたら縮めたいという思いが人々の胸には常にあったはずだ。

天武天皇治世のもとで律令の制定が進み、日本の地名も漢風すなわち音仮名への志向が強まっていた。音仮名表記による「アヂハチマ」の実現形としては、例えば五字の「阿治波知磨」、四字の「安地八麻」などが考えられるが、正統な仮名使用では四字より短くはならない。二字表記の地名が圧倒的多数になる時期に、四字表記では二つの地名と錯覚されなくもない。そこで思いきった省略表記が考えられた。五拍の長い郡名を持て余していた人たちには幸便と感じられたかもしれない。語構造を「味－蜂－間」と解しうるこの地名を省略表記に移すとしたら、「マ」を省くのが最も簡便かと思う。だがそうはならず、「アヂ」の「ヂ」が省かれて、新しい郡名表記「安八麻・安八磨・安八万」が生まれた。なぜ「ヂ」が省かれたのだろうか。

この地名とよく似た表記過程を見せるのが、三字から二字に省略された但馬国と河内国の丹比郡である。「但馬」は、記紀に多遅麻・多遅摩、国造本紀に但遅麻と書かれ、人名にも多遅麻毛理・多遅麻連公・多遅麻大連などと用いられた。多遅麻毛理を田道間守と書いた例が古事記と萬葉集にある。「丹比」は、記紀に多治比・多遅比、日本霊異記に丹治比とも書かれた。ここにはまだ音の省略がない。

だが、タヂマもタヂヒも音仮名二字で適切に表記することはできない。そこで選ばれたのが「但馬」「丹比」であった。すなわち、多・他・太ならぬ［n］の韻尾を有する字「但」「丹」を上字に置いて、本来下字にあった、調音点のごく近い音、ここではダ行のヂの文字「遅」「治」などの存在を暗示する方法を選んだのである。古代日本語の濁音が鼻音を帯びていたことも、この選択に加担した。但遅麻に代表させて考えると、[tan^{n}dima] のような音形で実現していた。すると、鼻音［n］が重なるので、但と遅は密着した状態にあったのである。文字を省く契機はそこにあった、とわたしは考える。三字から一字を減らして生まれた但馬・丹比と、四字から一字を減じてできた安八磨とは、同じ原理による成立であろう。

三字の音仮名表記「安八麻・安八磨・安八万」を、和銅年間に行われたという好字二字の表記に変えるには、右の方法はもう使えない。そこで、今度は最下の「間」を省くことで解決を図った。「安八」表記の成立当初は、まだアヂハチマと呼ばれたが、次第にアンパチが広がったと思う。その時期を確定することは難しい。日本語では語中のハ行音は至って不安定だったからである。それが現在のようなパになるのは室町時代であろうか。

さて、古代における当郡の名の読みかたを誤らせたのは、古写本の訓だと思う。国史大系本天武紀は、「安八磨郡」の右傍訓がヤスハツマ（寛永版本）、左傍訓がアハツマ（北野神社本）である。ヤスハツマは論外の訓である。天理図書館所蔵の卜部兼右本にもアハツマノコホリとある。『池邊考證』に引かれた延喜民部式の享保八年版本の訓は「アハチ」である。その版本の附訓のもとになった、吉田家本延喜式は、天理図書館善本叢書の複製に附せられた解題（田中卓執筆）によると、「少なくとも鎌倉時代初期の書写」で、「本書の仮名によって道名・国名・郡名の注意すべき訓み方が知られる。その若干、」として「ホクロク道、イテハノ国、ヱチウノ国、タハノ国、フセノ国、ヒセノ国」などを挙げている。

解題の筆者は、これによって何が分かったのだろうか。そもそも、タハ、フセ、ヒセはどこの国だろう。なんのことはない。丹波、豊前、肥前の読みを、濁音符・撥音表記ぬきで書いたに過ぎないのである。これは鎌倉時代初期なら当然のことで、書写時期の推定の確かさが分かる。かくて、安八がアンパチならぬアハチと書かれるのは当然の帰結である。

結局、当該郡については次のような変遷過程を考えるのが最も自然である。アヂハチマが評になった段階では「味蜂間」と書かれ、「味八間」の表記も行われた。全国で意字表記から音仮名表記に推移する段階で、「但馬」「丹比」などに倣って、「安八麻・安八磨・安八万」などと書くようになり、和銅年間に二字地名に統一される段階で「安八」に固定した。当初はアヂハチマの訓も行われたが、次第に変化してアンパチが定着した。

15　安八郡服部郷

なんの問題もない郷名と考えられるのに、『角川辞典』は「はとりのごう」の訓を附しながら、「はたのごう」とも読むか、とする。かかる記述の態度について一言したい。この辞典の記述では、「郷」をつけないときは「はた」と呼ばれたことになる。この郷名表記は真にその呼び方を支えるものだろうか。

「はたおりべ」に由来するから「服部」なのであって、日本全国を探しても服部をハタとだけ呼んだ土地を見つけることはできまい。現に、和名抄の地名には「服部郷」が十二、「機織郷」が一つある。そのうち、高山寺本は七郷に「波止利」の訓を、大東急本と元和本は仮名に小異があるが、八つの郷にハトリの訓をつけている。つまりハトリ以外の訓は考えられないのである。それなのに、一説としてハタを加えたのは、美濃国神名帳の安八郡に八田若宮明神・八田明神の名が見えることによって、「服織はハタと訓めるなり」とした『地名辭書』の説を受けたのだろう。しかも『角川辞典』は、その明神を神戸町《ごうどちょう》の松尾神社あるいは矢田神社に比定している。ならば、「八田」は「矢田」に受けつがれたと考えるのが筋ではないだろうか。

16　大野郡揖斐郷

当郷について『地名大系』の記述に加えるべきことはほとんどない。

上字の「揖」について、高山寺本が異体字とおぼしい字に作り、大東急本と元和本が「楫」に誤っている。同じ「揖」字をもつ薩摩国揖宿が後世「指宿」に変わり、美濃国武藝郡揖可郷が吾妻鏡に「指可庄」と書かれたのに、当郷が「揖斐」表記を現在まで保持したことは興味ぶかい現象である。変化したそれと、変化しなかったこれとを分けたのは何か、それを究めたいのだが、難しいことだろう。当郷をあえて本稿に挙げたのは、「イヒ」から「イビ」への変化について、日本語史の面から考えてみたいからである。

当郷の最古の用例、天暦四年（950）十一月の東大寺荘戸荘園幷寺用帳の「伊備郷」の読みかたが、イヒ、イビのいずれかという問題がある。「備」は、奈良時代にビ乙類の常用仮名であったが、若干厄介な側面を有していた。萬葉集にも歌を残している大伴古慈悲は、奈良時代の文献には、古慈斐・祜信備・祜慈備とも書かれている。原理的にはコシビ・コジヒ・コジビとも読めるが、濁音の続くコジビは避けられただろうから、残る二つの可能性があり、現在も研究者によって読みが分かれている。

平安時代以後の万葉仮名は清濁の書きわけには不熱心なので、清音の仮名で濁音を書くことはよく行われた。その反対に、濁音の仮名で清音を書くことは余りしなかった。ここに「備」の仮名が用いられていることは、やはり「イヒ」から「イビ」に変化していたからだ、と見てよいだろう。

当郷の第二拍のヒからビへの変化が、十世紀半ばに起こっていたことを意味するわけである。一方、建長五年（1253）十月の近衛家所領目録の「揖斐庄」によって、「揖斐」の表記を保持していたことも知られる。『地名大系』に引く弘安八年（1285）の美濃国東大寺御封注進状案にも「伊備郷」とある。これらによって考えると、公的な表記の「揖斐」と、私的な表記「伊備」の共存していたことが窺われる。

安八郡の項にも書いたが、日本語のハ行音の不安定さ、特に語の中や末尾にあるときの不安定さは、日本語史を通じて言えることである。「6　石津郡大庭郷」の条でも触れたように、平安時代中期、中央の日本語において、語中尾のハ行音が有声音化する現象、いわゆるハ行音の転呼が進んだ。したがって、イヒはイヰと発音されるようになる。この地域ではその変化が中央語のように進んだのだろうか。

この地域にはもう一つ特殊な条件が関与したかもしれない。この郷名の由来を、いま郷名と同じ名でよばれる揖斐川からの取水装置「楲（いひ）」に求める説が古来行われているからである。廿巻本和名抄の巻一、水部河海類に「楲　音威、淮南子云、決塘発楲、許慎云、楲所以通陂竇、和名、以比《いひ》」とある。この地域では後に「いり」の語が行われて国字「圦」が作られ、西国の各地には「いび」に転じた形のまま残っている。

以上、郷名が「イヒ」から「イビ」に転じた原因は一つには絞れないのである。

17　大野郡石太郷

鎌倉室町時代の資料に見えることから、『地名辭書』以来の先学の記述をうけた『角川辞典』の記述にほぼ尽きる。『地名大系』は、「イソホ」の読みに賛意を表したうえで、古代に関して条里遺構について言及しただけである。ただ、用字については一言しておく必要があると考える。

「太」を下字に用いた固有名詞を求めると、音仮名としては、のちに言及する当国方縣郡「皆太郷」ほかいくつかの用例がある。訓字として用いたものは、当国席田郡に存疑の「名太」、古事記に「穴太部王」、日本書紀に伊勢国朝明郡の「跡太川」など、奈良時代の文献に偏る。ここに古用の残る理由は不明である。

18　大野郡栗田郷

ありふれた郷名なので、表記や読みかたについては、『地名大系』の記述に特に加えることはない。近年、奈良県明日香村の石神遺跡から出土した七世紀の木簡に、当地の名が「里」として見える。それを『木簡研究』廿六号から引く。

・大野評栗須太里人　〔表〕
・蝮□マ□也六斗　〔裏〕

付札木簡で、裏面の第二字は「公」、第四字は「甘」と推読されている。「六斗」の分量だけで品目は記されていないが、同じ遺跡から出た美濃国木簡に、「俵六斗」「赤米五」「白米□斗」などが見える。

音訓を交えて書かれた里名「栗須太」は、本巣郡の「栗栖太」とは表記が異なる。一点だけでは確かなことは言えないが、一国の内に同じ郷名があるばあい、文字を変えることで混同を避けたのかも知れない。二字地名ではそれが実現しにくいが、三字ならその幅が広くなるので、それなりに有効だろう。

しかし、「栗田」の表記は「クリタ」の読みが避けられない。和名抄での語形が「クリタ／クルス太」のいずれであったか、わたしは断定することができない。

19　大野郡堤野郷

和名抄に記載のない里名が、前条と同じ石神遺跡から出土した。

・甲申□三野大野評　〔表〕
・堤野里工人鳥六斗　〔裏〕

里名は「つつみの」と読むのだろうか。やはり付札木簡で、甲申の下は年と推読され、天武天皇十三年（684）に当たる。「三野」とあるだけで「国」の字がないのは、この時期の木簡の特徴である。

先学によると、慶長郷帳（1596～1615）、元和二年（1616）の村高領地改帳にはない「堤」という村名が、正保郷帳（1644～48）に初めて見えるという。現在、瑞穂市古橋に当たり、十七世紀前半、揖斐川東方の村々の合併に際して生まれたかと言われる。これが、その際の合成地名ではないところに、何か由縁をもって伝えられた古い地名を採用したことが伺われる。具体的なことは知りえないが、あえて想像を巡らせると、それが「堤野」だったのではなかろうか。末尾の「野」を捨てて「堤村」を得た、と推測するのである。

この木簡と正保郷帳との間の一千年を埋める資料の出現を待望する。

20　本巣郡鹿立郷

「美濃国神名帳」の当郡に正六位上の坂立明神が見えるので、『両国通史』が音の類似からシカタチと読み、山坂に入ろうとする義かとし、『地名辞書』はこれを継いだ。『地理志料』はカタチと読んで、「鹿立」は「小鹿」の顚倒かと疑い、和名抄郡部に「乎志加」の訓をもつ陸奥国の牡鹿郡の例も示した。『地名大系』では、古代地名としてはシカタチの読みは考え難いという結論だけを示して、カタチの訓を採った。

和名抄には上字「鹿」の郡郷駅名が十二ある。そのうち、諸本に訓をもつ六つを掲げる。高山寺本と大東急本で訓が異なるばあい、斜線で上下にわけて記す。

鹿城郷　加良古（遠江・城飼）

鹿津郷　加豆／加津（上総・望陀）

鹿島郡　加之末（常陸）

鹿蒜郷　加比留／加倍留（越前・敦賀）
鹿足郡　加乃阿之（石見）
鹿田郷　渇多（美作・真島）

ほかに、鹿児島郡・鹿屋郷などは、他の古代文献から「カ」と読むことが分かる。

反対に、下字に「鹿」をもつのが十四、うち、訓を有する六つを掲げる。

何鹿郡　伊加留加（丹波）
山鹿郷　ヤマカ（信濃・諏訪）
山鹿郡　夜萬加（肥後）
粟鹿郷　アハカ（但馬・朝来）
牡鹿郡　乎志加（陸奥）
鈴鹿郡　ス、カ（伊勢）

このように、古代の地名に「鹿」字を単独で「シカ」の表記に用いることはなかったようで、陸奥国の「牡鹿」は「ヲジカ」である。これは、現代人には分かりにくいことだが、和名抄の記述に手がかりを求めると、「鹿」には「和名、加《か》」、「牡鹿」には「日本紀私記云、牡鹿、佐乎之加《さをしか》」、「牝鹿」には「和名、米加《めか》」とある。古語辞典にもあるように、「カ」は鹿の総称であって、雌雄によって呼び名を異にすることがあったのである。このように動物の雌雄を呼び分けるのは日本語には珍しいことで、これがどれほど一般性を有していたか、定かではない。萬葉集の歌から見ると、むしろ「シカ」は牡鹿の総称で、メカ（女鹿）に対するセカ（夫鹿）の音転、サヲシカは、日本紀私記が典拠とされていることから察せられるように、牡鹿の歌語か古語だったのだろう。だが、平安時代の和歌にその区別は認められない。

少なくとも和名抄の地名については、「鹿」の字が「カ」以外の訓で読まれた確かな証拠はないので、当郷「鹿立」は、「カタチ」の訓が最も自然である。

21　本巣郡安堵郷

旧注の読みはおおむね「あと」であるが、『角川辞典』は第二拍濁音の「あど」と読んだ。『地理志料』は、武蔵国入間郡安刀郷、姓氏録の阿刀宿祢の例によって「アト」とし、他の資料を加えて安刀氏の居所と判断した。『角川辞典』がアドの訓を採ったのは、「安堵」という文字列を熟語と解したからだろうか。「安」は画数が少なく好字でもあるので、音節「ア」を表記する一般的な万葉仮名であって、地名での用例数は「阿」より多い。地名の上字に用いられたもの、例えば安宿・安房・安積・安蘇・安宅・安平などでは、必ずしも下字を濁音でよむことを求めてはいないようだ。「安堵」という語を借りたのは、無論、この熟語の意義を良しとしたのだろうが、それ以上のものではあるまい。

22　本巣郡遠市郷

和名抄以外に所見がなくて議論の余地のない郷名であったが、藤原宮跡遺跡から出土した木簡に、当郷らしい地名が見つかって、『角川辞典』『地名大系』に紹介された。

・三野国本□□□□⎾　　　　⎿　〔表〕
・⎾　　　⎿凡米五斗　　　　　〔裏〕

「本」以下は「須郡十市」と推読された。『地名大系』では簡単に触れるにとどめたが、この木簡は、実はわたしたちに厄介な問題を突きつけたのである。木簡にも和名抄にも誤写がないと仮定しての議論であるが、推読された

「十市」の最もしぜんな訓はトヲチ、和名抄の「遠市」の訓はトホチで、第二音節が異なるのである。

『地名大系』に書いたことだが、和名抄には「十市」という地名が二つある。一つは大和国の郡名で、高山寺本の訓が「トホチ」、元和本の訓が「止保知」である。今一つは筑前国鞍手郡の郷名で、元和本の訓は「止布知」だが、これは疑わしいので、今は除いて考える。「十」の訓はトヲとあるべきだが、トホ・止保とあるのは、いわば、馬淵和夫（1969）の「平安かなづかい」による表記ではあるまいか。すなわち、ハ行音の転呼の結果、ワ行音になった音節が、本来の表記のいかんに関わらず、ハ行の仮名で書かれるようになったというのである。

だが、当郷のばあいは事情が少し違う。郷名表記が「十市」から「遠市」に自然に変わり、それが自然な音韻変化を反映するのだとしたら、発音がトヲチからトホチに変化した、すなわち、ハ行転呼音とは逆の現象が生じたことになるからである。あるいは、和名抄の編纂時点でハ行音の転呼現象が進んでいて、遠市も十市も同じ発音になっていたために、何かの契機で郷名表記に「遠市」が選ばれたのかも知れない。

表記は固定を求め、発音は変化を求めるのが普通であるが、ここに出現したのは表記を変えた例である。右に述べた推論に甲乙はつけがたい。二つの資料を結ぶ第三の用例の見つかる日を待つとしよう。

23　席田郡礒部郷

高山寺本「礒上」、大東急本「礒部」なのに、『地名大系』では当郷の見出しを「礒辺郷」とする大失態を演じてしまった。ここにお詫びして訂正する。

『地理志料』だけが「上部訓同（上と部とは訓が同じ）」として「伊曽倍」と読んだが、無論、「上」と「部」が同訓だとは言いきれない。地名の語構造によっては、「部」が「へ」の訓を担うこともあるが、一般的には「べ」の訓を負うからである。「礒」と「磯」は通用したので、ここでは両本の「礒」で記述する。和名抄に見える地名の訓は、「礒部」が「伊曽倍・以曽倍・以曽へ」、「石上」がイソノカミと分かれている。高山寺本が「礒上」に作るのはこの傾向を逸脱する。確かな決め手はないが、大東急本の本文「礒部」と、イソベの訓をよしとするものである。

24　席田郡名太郷

難しい地名で諸説錯綜し、『地名大系』では投げだしたような記述に終わった。『地名辞書』はナタ、『角川辞典』も暫定的にナタの訓を採っている。そうした中で『地理志料』が「額田」の省文「各田」の誤りで、ヌカタかとしたのが最も詳しい。この省文はさまざまの文献・木簡などにも見られるし、各田部氏は当国の味蜂間郡にも居住していたので、誤字を認めれば「各田」説は成りたちうる。

ところで、「太」を下字にもつ和名抄地名はおおむね難解である。その点でよく知られたのが近江国栗太郡である。これは高山寺本の表記であるが、元和本には「栗本」に作り、郡部には「久留毛止」の訓がある。幸い、奈良・平安時代の多くの文献に「栗太」の表記が見られるので、訓についてはひとまず解決したものである。

ほかに、例えば次のものがある。和名抄以外からの例は＊（アステリスク）をつけて掲げる。

備中国下道郡　穂太郷　保以太《高本》
　　　　　　　穂北郷　保伊多《東本》

高山寺本の「穂太」をホイタとよむことは難しい。大東急本の訓は「穂北」のイ音便化後の訓を伝え、高山寺本の「穂太」は、訓の仮名「太」が本文に紛れたものと解釈できる。

駿河国安倍郡　横太郷　与古太《高本》
　　　　　　　模太郷　与古太《東本》

＊横田駅　延喜式駅名
＊横田臣　駿河国正税帳（天平十年）

右の「横太」は、他の資料の用例から、訓の仮名「太」が紛れ込んだものと解釈できる。

越前国丹生郡　三太郷　美《高本》
＊彌太郷　天平神護二、十、廿一、越前国司解。
＊大山御板神社　延喜式神名帳。

高山寺本の訓「美」は不完全で、他の資料の用例から見ても、この項の表記の不自然さは明白である。

越後国雑太郡　雑太郷　佐波太《高本》
　雑田郷　佐波太《東本》
雑太駅　延喜式兵部省駅名、高山寺本駅名。

右の例では、高山寺本の雑・太ともに、音仮名の正当な使用だが、大東急本は郡名と異なる音訓交用表記で、誤記と見ていいだろう。

以上のように、「名太」は原本の文字ではあるまいと考えるが、ならば、本来の文字はと尋ねられても答えようがない。新たな資料の出現を待つほかないのである。

25　方縣郡大唐郷

現在地への比定は、大局的には岐阜市西北部に絞られていると言えるが、訓については諸説少しずつ異なる。旧注はモロコシ・オホカラ、新注は『糸貫町史』（1982）がモロコシ、『角川辞典』は「訓は未詳」としながらタイトウとよむ。『岐阜市史』（1980）は字大唐野を遺称地としながら、『今昔物語集』巻第廿七第廿一語の「唐ノ郷」によって「もろこし」と読んだ。『地名大系』以後にも古代の資料は出ていないので、「唐ノ郷」によって「もろこし」と読む以外の術がない。「たいとう」「おおたいと」など、のちの表記や呼称を古代にまで遡らせるべきではない、とわたしは考える。

26　厚見郡皆太郷

当郷については、天平勝宝二年東大寺奴婢帳、平城宮跡出土木簡の「草田郷」に比定されて問題がない。その平城宮木簡とほぼ同じ内容の木簡が石神遺跡からも出ている。発掘当初の速報と、詳細な検討後に出た『木簡研究』廿六号の釈文との間に小異があるので、ここには後者を掲げる。

・□野国厚見評草田五十戸　〔表〕
・□□マ支田□□米五　〔裏〕

表の冒頭は「三」と推読されている。これを平城宮跡木簡の「厚見郡草田郷」と比べると、評・五十戸制時代と郡郷里制時代の違いが明瞭に見られて興味ぶかい。

『両国通史』は当郷の表記について、皆太→草田（鎌倉時代）→早田郷（足利時代）→早田村という変遷過程を略述している。まさにそのとおりだと思うが、皆太郷以前に草田五十戸の時期があったわけである。草田が皆太になったのは、本稿に繰りかえし述べた、奈良時代の国策によるのだろう。しかし、「皆太」をカヤタとよむことは決して平易とは言えない。公式な表記とは別に、私的な場面では「草田」も用いられていただろう。その「草田」という表記も、カヤタという呼び名も、稲作を主なりわいにする農民にとっては快いものではなかっただろう。

やがて「草田」は音読みされ、文字も「早田」に変えられたらしい。土地の人々が「早田」《そうでん》の文字を訓読みしてハヤタに帰ることはもうないだろうが、一つの地域名がたどった、不思議で興味ぶかい遍歴であったと言うことができる。

27　各務郡駅家郷

大東急本など三本に見えるが、高山寺本に見えないのは、駅家を郷名に掲げない方針によるのだろう。和名抄には「駅」一字にムマヤの訓をつけている。日本書紀壬申紀六月廿四日条に「駅家」が見え、萬葉集巻第十四東歌〔3439〕には万葉仮名の「ハユマウマヤ」がある。早馬駅《はゆまうまや》の意と解されている。『地名大系』にも挙げた、藤原宮跡出土の木簡裏面のウヌマはこの地を指すとおぼしい。

・己亥年九月三野国各□　〔表〕

・汙奴麻里五百木部加西□□…　〔裏〕

己亥年は文武天皇三年（699）である。近年も、石神遺跡から「各牟評汙×」と読める木簡が出ている。×以下は缺損しているが、各務原市鵜沼の地と解釈する説に異論はない。

28　武藝郡

従来、当郡の文字資料の初出は続日本紀の養老元年九月条の「方県、務義二郡」とされていたが、石神遺跡から画期的な木簡が出土した。『木簡研究』廿六号から引く。

・乙丑年十二月三野国ム下評
　大山五十戸造ム下マ知ツ　〔表〕

・
　□人田マ児安　〔裏〕

裏面二行めの冒頭は「従」と推読されている。乙丑年は天智天皇四年（665）にあたり、当郡の郡名の初出年次が一気に半世紀も遡ることになった。それればかりでなく、これは「さと」を「五十戸」と書いた本邦最古の資料でもある。

当郡の表記と読みとの関係については、『地名大系』の武儀郡条で簡単に触れたが、中国語音韻史、万葉仮名の歴史の研究に学んで、今少し詳しく考えてみたい。

まず、当地の造（くにのみやつこ）であるムゲツ君は、記紀に「身毛津君・牟義都君」と書かれた。大宝二年の戸籍には「牟下津・牟義津」など、天平勝宝二年の奴婢帳には「武義都・武義造」と見える。延喜式民部省・兵部省には「武義都」とある。万葉仮名「義」は、推古遺文にゲ乙類の仮名として用いられ、中国における音韻変化を反映して、奈良時代から平安時代初期まで、ゲ乙類・ギ乙類の仮名として用いられるという経緯があった。

「藝」は、漢字原音はむしろ「ゲ」に近いが、奈良時代にゲの音をもつ日本語が少ない一方、ギ甲類音を表わす適当な漢字がなかったので、ギ甲類の仮名に流用したと解釈されている。そして、上代特殊仮名遣が崩れた平安時代、ギ甲類の「義」とギ乙類の「藝」が、ギの仮名として勢力を争ったとき、好字の「義」がギの位置をしめ、使用頻度の低いゲ・ケの位置には、多画で重厚な「藝」が回ったのだろうと言う。

和名抄の地名には、当国多藝郡・伊勢国庵藝郡・遠江国山名郡信藝郡・常陸国行方郡藝都郡・播磨国印南郡含藝郡・安藝国安藝郡というように、「藝」はギの仮名として多く用いられた。かくして、当郡の表記は、町の名・川の名・学校の名などに、武儀・武藝・武義が並び存するという複雑な事態になったのである。

29　賀茂郡曰理郷

曰理という古代地名は全国に十ヶ所ほどあるうえに、木曽川を挟んで対岸の可児郡の曰理もあるので、当郷について日本語史のたちばから特に発言すべきことはない。本条を設けるのは、近年、飛鳥京跡苑池遺構から出土した木簡を紹介することが目的である。

『木簡研究』廿五号から引く。

・戊子年四月三野国加毛評　〔表〕

・度里石マ加奈見六斗　〔裏〕

戊子年は持統天皇二年（688）、浄御原令公布の前年である。裏面行頭の「度里」は「わたりのさと」と書いたものだろう。「度」だけで十分にワタリと読めるので、脱字を予想する必要はない。すると、これは一字で記された里名となる。

和銅年間、二字に整えられる以前の地名は、和風の、換言すると訓よみによる表記が多かった。そこで、一つの単純語による名づけのばあいは、ほぼ一字地名にせざるを得ないことになる。それらの実例は、国名に木（紀伊）・島（志摩）、郷名には秋・池・泉・鴨・津・中・林・原・丁《よほろ》などがある。そして「度《わたり》」である。

30　賀茂郡中家郷

当郷の読み方について『地名大系』では、支持者が比較的多かったナカツヤより、ナカツイヘが自然だと主張した。不破郡高家郷の項に書いたように、古代、「家」の訓としては「イヘ」が普通だったからである。

いま当郷について考え直してみると、中都家明神の座地を中屋村に当てた『美濃志』の説に賭けてみるべきだったかも知れない。すなわち、「家」のもう一つの訓ヤケをとってナカツヤケとよむと、遺称地として「中屋」が一気に近づいてくるからである。

31　可児郡

『地名大系』刊行以後に知られた資料として二点の木簡がある。飛鳥池遺跡から出土した①『木簡研究』廿一号（1999）と、石神遺跡から出土した②である。

①　丁丑年十二月次米三野国加尓評久々利五十戸人 物ア古麻里

②　己卯年十一月三野国加尓評

①の丁丑年は天武天皇六年（677）、②の己卯年は同八年（679）、前者は、次項に挙げる土岐郡の木簡とともに、大嘗祭の主基米につけられた荷札であることから大きな話題になった。その内容については早川万年（1999）が詳しい。「さと」の表記「五十戸」は、「28　武藝郡」条の「ム下評大山五十戸」に次ぐものである。当郡の正式表記「可児」も平易な文字だが、初出の「加尓」は更に平易である。「尓」は日本の文字表記史で意字表記に用いにくかったので、究極の仮名表記地名だといえよう。

32　土岐郡

前項の①と同じ年紀をもつ木簡が同じ遺跡から出土した。

・丁丑年十二月三野国刀支評次米　〔表〕

・恵奈五十戸造　阿利麻
　春人服ア枚布五斗俵　〔裏〕

前項の「加尓」同様、「刀支」も平易な文字であり、「支」の仮名も古いものである。

日本書紀天武天皇五年四月に「礪杵郡」とあるのは、『地名大系』土岐郡条に言うように、後の文飾だろう。その表記は、大津皇子事件で伊豆に流された、帳内《とねり》礪杵道作《ときのみちつくり》に因むのかも知れない。

33　土岐郡異味郷

『地名辭書』は黒味の誤りとしてクルマと読み、『地理志料』は異・奇・霊の字の訓クシ、味の訓ウマシの急呼のマとでクシマと読み、『岐阜県史』は鎌倉時代に「多治見」に変わったので「田只味」と解した。『地名辞典』は「いみのごう」と読みながら、「訓不詳」とした。『地名大系』では未詳としながら、仮にイミと読んでおいた。

このように百家争鳴の観を呈するが、和名抄の地名で他に例を見ない「異」による点で『地理志料』の説は成立しがたく、「味」がミの万葉仮名以外に使用例がないことからクルマ・クシマの訓も無理である。もとより「只」の万葉仮名はなく、鎌倉時代初見という「多治見」の「治」はヂの仮名なので、タシミの訓も成りたち難い。誤字説によらない限り、イミ以外の訓は考えられず、このイミとても地名にふさわしいとは言えない。

34　恵那郡絵上郷・絵下郷

現在行われる諸書の訓は、『恵那市史』(1983) が、一般的な訓だとして「えのかみ・えのしも」と読み、『角川辞典』も同じである。『中津川市史』(1968)、『地名大系』は「えなのかみ・えなのしも」と読んで対立するが、これを分割地名とすることには差異がない。

近時、大槻信 (2004) は和名抄の訓について、徹底した典拠主義という解釈を呈示した。その解釈は妥当だとわたしも考える。元和本の国郡部を見ると、国名・郡名には丹念に訓が施されている。それは、源順がその職にあった民部省の資料などによると考えてよいだろう。だが、現行の訓の全てが撰述者によるとは言いきれないかも知れない。写本間の訓の相違などは別に考察すべき課題なので、ここでは深入りしない。

国名において、例えば豊前・豊後の両国に「トヨクニノミチノクチ・トヨクニノミチノシリ」という十音節からなる訓がある。現代人には余りにも長いという感が否めないが。これが日常の政務で実際に用いられたとは思えない。官吏たちの日常は音読みした「ブゼン・ブンゴ」が行われていたに違いない。「トヨク二云々」の訓は、公式な、あるいは観念的な呼称ではなかっただろうか。

「上・下」を上字にもつ地名は、分割地名あるいは対照地名と考えてよいだろう。和名抄郡部の初めの部分から少し拾ってみる。

大和国添上郡・添下郡　ソフノカミ・ソフノシモ
大和国葛上郡・葛下郡　カヅラキノカミ・カヅラキノシモ
大和国城上郡・城下郡　シキノカミ・シキノシモ
摂津国島上郡・島下郡　シマノカミ・准上

右のうち、摂津国の「島上郡・島下郡」を例にしてその変遷過程を考える。当郡は初め日本書紀の雄略天皇九年二月、欽明天皇廿三年十一月条に「三島郡」として見える。次いで続日本紀の和銅四年正月条に「島上郡」が現われ、以後の奈良時代の諸文献に散見して、この表記が早く固定したことをうかがわせる。これがいかに読まれたか定かでないが、播磨国風土記揖保郡条の「三島賀美郡」、天平宝字四年十月廿日の写経所公文の「三島上郡」が手がかりになる。当国には「豊島郡」もあり、分割当初から「シマノカミ」の呼称が行われたら、混乱が生じたに違いないので、しばらくは前身たる「三島」を被せていただろう。したがって、当郡の呼称は、ミシマノカミ→シマノカミ→シマカミと変遷しただろう。

かかる変遷過程が、すべての分割・対照地名に適応しうるわけではあるまいが、当郷のばあいも似たような過程をたどったのではないか。和名抄に恵那郡家が記載されていないのは、分割以前のヱナ郷が郡家だったからだと思う。すると、その郡の分割後、郡家は上下の郡のいずれかに置かれただろう。ヱナ郷が分割によって上下の冠称を得たからといって、「ヱナ」からすぐに「ヱ」に変わったら、おそらくヱナ郡家の意義を喚起せしめえないだろう。しばらくは「ヱナノ〜」と呼ばれたのではあるまいか。『地名大系』で「ゑなのかみ／しも」と訓じたのはそれゆえであった。

郷名の初出は、天平勝宝二年四月廿二日の東大寺奴婢帳（美濃国国司解）の「絵下」、つまり和名抄の表記と同じである。わたしは当然これもヱナノシモと読まれたと考える。ここで、恐らく発せられるに違いない問いがある。「ヱナノカミ／シモ」なら、なぜ「絵」字が選ばれたのか、と。当郡「ゑな」は語義未詳なのだが、旧注の中にはその限界を越えて言及したものがある。例えば「胞上／下」と解する説がそれである。だが、奈良時代の日本語では、「胞」が「ヱナ」ではなく、「エナ」であったことを知らなくてはならない。

結局、「ヱナ」は語義不明の地名だというほかない。

【文献】

工藤力男（1979）「言語資料としての和名抄郷名―音訓交用表記の検討―」（『岐阜大学教育学部研究報告・人文科学』第廿七巻）
市　大樹（2004）「奈良・石神木簡（二〇〇三年出土の木簡）」（『木簡研究』廿六号　木簡学会）
馬淵和夫（1969）「平安かなづかいについて」（『佐伯梅友博士古稀記念國語学論集』表現社）
早川万年（1999）「丁丑年三野国木簡についての覚書」（『岐阜史学』九十六号　岐阜史学会）
大槻　信（2004）「倭名類聚抄の和訓―和訓のない項目―」（『國語國文』第七十三巻六号　京都大学国文学会）

◎本章の原論文は、次章と合わせて「濃飛和名抄地名新考」と題して『岐阜史学』百一号（2005）に掲載された。

第七章　飛　驒　国

1　大野郡阿拝郷

高山寺本に「安波」、大東急本に「阿波」の訓がある。『地名大系』には、それは不審なので後世の誤写かとして、伊賀国阿拝郡の注「安倍国府」に従って「アヘ」と読んでおいた。『池邊考證』によると、伊賀国阿拝郡は、奈良・平安時代には、「阿拝」のほかに、安拝・阿部・阿閉・安閉・敢・安部・阿陪とも書かれた。ここには、万葉仮名の用法の変遷と、ハ行音の日本語音韻史に関わる厄介な問題が絡むことになった。

右の文字うち、「敢」は副詞「あへて」の表記に用いられ、今も「アエテ」と読まれる。つまり、「阿拝・敢」は「アへ」を表記したと推測され、「閉・部・陪・倍」も清音の「へ」で読まれたことが分かる。万葉仮名「倍」は、へ乙類とべ乙類の仮名として、すなわち清濁両用の仮名として用いられ、後の萬葉集研究者を泣かせた文字であるが、次第に濁音専用に傾いていった。

当郷の訓は、和名抄地名を正確に読むことの難しさを痛感させる例である。

2　荒城郡高家郷

高山寺本に「加岐へ」、大東急本に「加木倍」と附訓している。『地名大系』ではその訓を「不審」として、美濃国不破郡の同名郷と同じ「タキエ」と読んでおいた。『角川辞典』は見出しで「かぎへのごう」と読み、元和本の訓を「加木信」とした。「カギへ」は理解に苦しむ訓であり、「加木信」の「信」は、「倍」の読み誤りだろう。どのみち、新しい材料が出現しないかぎり、依然として変な訓であり続けることになろう。

3　荒城郡遊部郷

諸本の表記は、遊口（高山寺本・名博本）・遊部（大東急本）・遊遊（版本）である。このように三様の表記に分かれた原因については『地名大系』に書いた。ここでは、四本共通の訓「阿曽布」について一言する。なお、『角川辞典』が高山寺本の郷名表記を「遊□」としたことは、工藤Ⅰ（1990）で批判した。

これはアソブの語形を伝え、「遊部」の「部」を捨てた訓が行われたことを意味する。「部」地名を通覧すると、さまざまの形態のあることが知られる。例えば、「鏡作部」のように、「部」の字も訓の「ブ」も捨てたもの、このような変化は、五音節以上の長い郷名であることが普通である。反対に、「刑部郷」の「おさかべ」のように「べ」まで完全に保持される地名がある。クサカベ・ハトリベ・イホキベ・カスカベなど四音節以下のばあいである。

それでは、四音節のアソブベ郷ではなぜ「部」が捨てられたのか。それは、ブべという音の連続に理由がある、とわたしは考える。この郷名をローマ字表記すると、asobubeとなる。この内のbubeという音連続は、唇音のbuを発音した直後にまたbeを発音しなくてはならない。ここで、buの母音は狭いuなので、自然な発音では、広い母音をもつbeよりも聞こえにくい。そのばあい、buが脱落して、asobeになるのが自然なのだが、それではアソベになって、動詞「遊ぶ」の命令形のように聞こえる。それを避けたい意識がはたらき、末尾のbeを捨ててbuを残した結果が「あそぶ」なのだろう。この類例に、壬生部（みぶ）・埴生部（はぶ）がある。

なお、日本思想大系本『律令』では、遊部をアソビベと読む。わたしがアソブベの訓を採った根拠については、工藤Ⅱ（2005）に書いた。

【文献】

工藤力男Ⅰ（1990）「木簡類による和名抄地名の考察―日本語学のたちばから―」（『木簡研究』十二号　木簡学会）
工藤力男Ⅱ（2005）「和名抄地名新考（四）」（『成城文藝』百九十号　成城大学文芸学部。本書第二章に収録）

◎本章の原論文は、前章と合わせて「濃飛和名抄地名新考」と題して『岐阜史学』百一号（2005）に掲載された。

#（補論）

第一　地名の語源について

水田に対する乾田、あるいは高い位置にある田は一般にオカダと言われる、いわば普通名詞であるが、特定の岡田を何人かの人が指していうようになると、それは固有名詞になる。このように、二つの岡田は連続しており、地名「岡田」の語源は、すなわち普通名詞「岡田」の語源なのであって、ほとんどの地名はこのようにして成り立っている。そして、普通名詞の語源には、賢明にも多くの人はめったに口を開かないのに、地名の語源となると、多くの人が軽々しく口を出す。これは日本の地名が負う大きな不幸の一つである。

地名は、人々の移住・占有・開拓・生業等との関わりでつけられるのだから、命名の時期によって異なる特徴を示し、また地域差も表われて当然である。つまり、平安時代の命名なら、当時の語構成・音韻構造・用字法・時代意識などを反映しているだろうし、東国や西国の地名には、中央のそれとの違いがあってもおかしくはないはずである。

『和名類聚抄』国郡部に、陸奥国の郡名「気仙」があり、元和本は「介世」と附訓する。下の字の「仙」は舌内鼻音の韻尾［n］をもつ字なので、この地名はナ行音の第三音節を有していたに違いない。この訓に脱落がないならば、その第三音節はニかヌであったのが、撥音便化して無表記になったのだと解釈すべきである。郡名に同じと思われる郷名の「気仙」に、高山寺本は「気丶如結」と注する。これには誤写があると思われるが、「気」が「結」

の発音［ket］を示すことは動かず、元和本・高山寺本を合わせると、気仙が平安時代末期には「ケッセン」と呼ばれていたらしいことが判明する。

しかし、その本来の形「ケセ何」がまた不可解である。というのは、古代日本語の語音構造の例では、語頭にエ列音の続くことは、複合語といえども得がたく、少なくとも中央語では考えにくいからである。その点で、萬葉集巻第廿、駿河国の防人歌〔4338〕に「薦（こも）」がケメとして見えること、古今集巻第廿、東歌の甲斐歌に「甲斐がねをさやにも見しかけけれなく横ほり臥せるさやの中山」とある「けけれ」が「心」の訛りと解釈されることは、極めて暗示的である。

眼を九州の和名抄地名に転じてみよう。郡名で基肄・贈唹、郷名で鶏永・毗《ひ》伊・雉怡・覩唹と、一音節あるいはその長呼形らしい多くの地名が目につく。が、これは他地方にもある形なのでおくとして、わからないのは、大隅国の郡名「馭謨」である。元和本の訓も「五牟」とあって、ゴムは動かないようである。一般語彙では語頭に濁音のないのが奈良時代日本語の例だから、和名抄に現われるのは違例とすべきである。

和名抄の地名から、右のような現象をそう多く指摘することはできない。それは、これらが行政地名の集成だからであり、これらのいわば大地名は、命名の段階で極端な地域的要素を削除・変更し、中央語で理解できることを目指すことが多かったからであろう。微小地名ならば、本来の形をとどめやすかったろうが、惜しむらくは、そのような資料はほとんど伝えられていない。

もう一例を示そう。壱岐に多い集落地名語の「触（ふれ）」を、日本書紀の「村・邑」にまれに見える古訓「ふれ」と関連づける説がある。この古訓を朝鮮語由来かとする金澤庄三郎以来の主張を否定はしない。しかし、現在中部日本、中でも岐阜県に多く見える地名語「洞（ほら）」もこれで解こうとするのは、時代と地域を無視した奇説と言うべきであろう。朝鮮語由来の地名が岐阜地方に定着しうる時代として、いつを考えたのだろう。まさか秀吉の朝鮮侵攻時ではあるまい。ならば、半島からの渡来が盛んだった七世紀にでも、大挙して岐阜県の河川を遡って耕地を拓いたのか。

和名抄時代の飛騨国益田郡は、わずか二郷だけの過疎地であった。何も朝鮮語まで探さなくても、我が九世紀の漢和辞書『新撰字鏡』（享和本）の「澗」の項に、「深曰谷、浅曰澗保良（ほら）」と正解が出ていたのであり、この記述は現在のホラ地形にも方言にも適合する。なお、この洞を満洲語の holo（谷）が早く日本語に入ったのだとする説もあるようだが、古代の日本語に入ったなら、ホラではなくコラになるはずだ、と日本語音韻史は教えている。

松尾俊郎氏など地理学者の研究によると、現代の地名には崩壊地形を示す語が多くあると言われ、方言学者の報告もそれを裏づける。この事実は、日本の風土がもたらした必然でもあるようだ。しかし、一地方に五つも六つも崖を表わす語があったら、よほど細かな違いに着目して使い分けるのでなくては、言語生活上きわめて不便であろうし、かかる同義語は衰退してゆくのが普通である。全国の小地名表を作成していた柳田國男は、『地名の研究』で、それを構成する単語が予想に反して少なく、地方の隅々に、近世になってから使い始めたものを合わせても、百五十に届かなかったと述べている。もっともな話である。

さて、新刊の『古代地名語源辞典』（楠原佑介ほか著　東京堂書店　1981）を開くと、さながら崖づくしの観がある（仮名表記が崖を意味する語で、漢字は所在項目を示す）。

アユ―秋鹿	アカ―秋鹿	アキ―秋月
アケ―阿気	アサ―浅口	クチ―浅口
アザ―呰部	アシ―足利	アス―飛鳥

アセ—汗入　　アタ—安宅　　アダ—足立
アチ—阿智　　アツ—篤貸　　アヅ—安曇

アで始まる項目の初めの半分から、重複を避けて拾いあげた結果がこれである。以下、目につくままに示すと、オフ・オバ・オハ・オサ・コシ・コギ・ハギ・トリ・トシ・シバ・セリ・シダ・シタ・シヅ・シツ・クシ・クキ・アバ・クハと際限ない。

もちろん、正当な指摘もごくまれに見えるし、多くは推量形で言及しているが、例えば「明見」の項では、アカは湿地かアガの転で台地等の称かとし、「赤狭」の項では、ハカ→アカの転で崩崖の意かとし、「明石」の項では、アケと関係して海峡をいうアカとするなど、そこにはなんの原則も見られない。「あが」の項で、備中・播磨・若狭・常陸・伊賀の五国の郡郷名を一括処理するのは、地域性への無配慮ぶりを端的に語っている。本書の対象は、ほとんどが和名抄の国郡郷駅名すなわち行政地名なのである。古代の日本人は、何ゆえにそのような崖地ばかり選んで集落を営んだのか、説明が必要であろう。

事は崖の地名に限らぬこと言うまでもない。コはキと同じく高地の意（木下）で、キはコと同じく野の意（城野）か、コは大の古語（巨勢）で、巨勢は川をコと呼んだことに由来するという。変幻自在で融通無碍、結局、己れの好むように解くのが本書の方針なのである。「まえがき」では、いかにも研究史を踏まえた労作らしくうたってはいるが、例えば、二合仮名の扱いを見ると、「難波」を「なむは」の項目で立てて、「ナホと訓ずる説もある。ナミハの転で、云々」と説明しているのは、その四項目前の「なましな」で言及している、義門の著作『男信《なましな》』を理解していないことを示している。和名抄の表記原則、万葉仮名の用法もよく分かっていない。もっとも、本書に限らず、現行の地名語源辞典はいずれも大同小異なのだが。

初めに述べたように、地名の語源などという特殊な語源は存在しない。あるとすれば、地名に用いられた何某語のなんとかいうことばの語源ということになる。しかし、我が日本語の語源は、系統論が解決するまでは闇の中。かくして我々は、近隣の言語に由来する蓋然性にも十分な注意を払いながら、まず古代地名は古代日本語の原理で、中世地名は中世日本語のそれで、一つずつ、ごく平凡にじみちに考えてゆく以外に方法はないというべきであろう。

◎本篇は、『地理』第廿七巻七号臨時増刊号「地名の世界」（古今書院 1982）に掲載された。

第二　古代地名の西東

はじめに

歌人の塚本邦雄氏が義兄に手紙を書くとき、いつも恍惚感を味わったという話が、『讀賣新聞』のコラム「編集手帳」（2004. 7. 20）に見える。義兄の住所「京都市深草極楽町」ゆえである。塚本氏は地名の喚起力に鋭敏な人で、つぎの歌も作っている。

古志《こし》、海潮《うしほ》、朝酌《あさくみ》、千酌《ちくみ》、母里《もり》、恵曇《ゑとも》、美談《みたみ》、楯縫《たてぬひ》、秋鹿《あいか》、飯梨《いひなし》

出雲国風土記から選んだ十の地名を一首の短歌にしたてたもので、『日本歴史地名大系』刊行に寄せた推薦文の中に見える。新撰和漢朗詠集などを編んで山水の部にでも入れたいほどの美しさだと書いている。

この歌が作られてから四半世紀、本大系の編纂は営々と続けられ、いま五十巻完成の時を迎えようとしている。おりしも、政府の掛け声による市町村の大合併が進み、飴と鞭とに踊る拙速さで、すでに珍奇な新名称もいくつか誕生した。かかる時こそ民族の歴史と伝統に学ぶ必要があり、この大系が存在意義を主張しうるのである。

地名は、ある時ある人々によって大地に刻まれた名前である。名前は言葉である。その考察には、地理学・歴史学・民俗学・地質学などの知見を援用する必要があることはもとよりであるが、地名が言葉であるからには、まず言語の学の視点から合理的な説明ができなくてはならない（工藤 1990）。かく考えるわたしは、日本語史学のたちばから地名を考える論を書き続けてきた。ここでは編集部の求めに応じて主題を設定し、和名抄の地名を主な対象

にして、その地域性について三つの見解を披露したい。

古代地名を現代地名と同じように考えることは容易でない。そもそも資料の制約から、量も質も比較検討に耐えられないのである。現代地名なら、大は都道府県名から、小は山間の集落、僻村の岬まで、無数と言えるほどある。一方、古代の地名について言うと、郡郷を網羅した和名抄以外はじつに寥々たるものである。風土記には、小さな地名も見えるが、完本は出雲国風土記だけである。あとは、古事記・日本書紀・萬葉集や木簡類・延喜式などから拾うほかない。かかる制約下の考察ゆえ、一部に吾妻鏡を援用することもある。

〔注〕以下の叙述において、用例の所在については、池邊彌（1981）に負うところが極めて大きい。『和名抄』は高山寺本と大東急本で代表させ、高山寺本の文字を主に採る。訓は山形括弧内に〈津〉のように記す。表記は簡略を旨とし、例えば、「安藝国沼田郡都宇郷」は、都宇（安藝・沼田）のように書き、他もこれに準ずる。周知の書名は引用符を省いて表記する。

一　方言と地名

日本列島は面積のわりに方言が豊かだといわれる。南北に長く、地形が入り組んでいるからであろう。地名の数も多く、地域差の大きいことも指摘される。その地域差は主に現代に残る地名について言えることだが、一千年をさかのぼる古代の地名にも該当する言説だろうか。地域による地名の変異や偏りが古代にも指摘できるだろうか。

右のような問を発したら、すぐに返ってくると予想される回答がある。萬葉集の歌にみえる「まま」〔431・3369ほか〕であり、「あず」〔3539・3541〕である。これらは本来地形語であって、「まま」は主に東国で用いられて固有名詞に転じた用例〔431ほか〕もあるが、「あず」の二例はそうではなく、厳密にいうと萬葉集では地名とは言えない。「あず」はまた、新撰字鏡の「坍」に「崩岸也、久豆礼、又阿須」とあることからも分かるように、畿内で行われることもあったようだ。かくて、右に設定した問いに対して的確な回答を与えることは容易ではない。

東国の歌に対して、西国の歌にもその地の言葉を探す人があっても不思議ではない。桜楓社版『萬葉集』では、次の歌の冒頭の「湯原」に「ゆのはる」と附訓している。

湯原に鳴く蘆鶴《あしたづ》はあがごとく妹《いも》に恋ふれか時わかず鳴く〔961〕

北部九州の方言では、畿内日本語の「原」がハルで出現する事実を重んじての処置だろう。いかにも九州人らしい編者、鶴久・森山隆両氏の態度である。和名抄に香春（豊前・田河）があり、逸文豊前国風土記に「河原」の訛りとある。それなら「湯原」もユノハルと訓じてもいいとの判断であろう。だが、萬葉歌において「原」を定訓ハラならぬハルと訓ずることをいかにして保証するのか。

先にみた東国語に戻ってこの問題を考えるために、山部赤人の長歌の中ほど四句を引く。初めの二句は原文である。

勝壮鹿乃《かつしかの》　真間之手児名之《ままのてごなが》　奥つ城《き》を　こことは聞けど〔431〕

この歌の題詞には、「東の俗語にかづしかのままのてごと云ふ」と読める注記がある。題詞の「葛飾真間娘子」に対する注記らしい。畿内語の論理に基づいて定着した漢字の訓によっては東国語を表記できないので、この注記が必要だったのだと思う。萬葉歌で西国の地名「原《はる》」がそのまま歌に書けるなら、この歌で「崖」と書いて「まま」と読むことを求めるに等しい。よって、湯原を西国語で読む蓋然性はきわめて小さい、とわたしは考える。

それでは地域差が指摘できる例はほかにないのかというと、そうではない。和名抄の郡部に塩屋（下野国）があり、〈之保乃夜〉の注によってシホノヤの語形が確認できる。色葉字類抄には「シヲヤ」で載る。この郡名は、萬葉集の防人歌〔4383〕の左注のほか、奈良時代の文献に散見する。それは天平勝宝四年（752）十月廿五日の造寺所公文にみえる下野国の塩谷に当たるので、「谷」の訓「や」が認められるのである。

このたぐいで少し時代を下ると、なおいくつかの事例が拾える。吾妻鏡の養和元年（1181）八月廿七日条の「渋谷下郷」は、相模国高座郡の郷名と考えられる。同条には「渋谷庄司」もみえ、現藤沢市域に求められる。これによっても、「谷」がヤの訓を負うて用いられていたことが分かる。榛谷駅（常陸・信太）は、延喜式・高山寺本駅名に見え、後世ハリガヤと呼ばれている地である。和名抄には記載しないが、吾妻鏡に見える熊谷郷（武蔵・大里）は、当地の開発領主熊谷氏の名字の地である。後にクマガエに変わり、当初はクマガヤと呼ばれたことが分かる。大屋郷（常陸・鹿島）が平安時代末の文献に「大谷郷」、鎌倉時代の文献に「大谷村」の名で出てくることがある。

右の諸例のうち、表記に揺れのないもの、すなわち「渋谷」が地質と地形に、「榛谷」が植生と地形による命名と見て大きく誤らないだろう。すなわち「谷」が「や」と呼ばれていたことを語るのである。「大谷」と「大屋」では、前者が当初の形の蓋然性が大きいと思うが、「塩谷」と「塩屋」に関しては、その判断を留保せざるを得ない。

西方に目を転ずると、備後国に三谿〈美多尓〉郡、讃岐国山田郡に三谷〈美多尓〉郷があり、ともに「谷」が「たに」の訓を負うことが分かる。さかのぼって出雲国風土記の熊谷郷（飯石郡）は、後世クマタニと呼ばれ、寛弘五年（1008）十月廿七日の金剛峯寺帖案にみえる長谷郷（紀伊・那賀）は、中世以来ナガタニと呼ばれ、大治二年（1127）八月十七日の紀伊国在庁官人等解案に見える伊都郡大谷郷はオホタニと呼ばれる。

和名抄を基準にして「谷」「谿」のごく少数の確かな例を見てきただけだが、東と西とで「や」と「たに」に分かれていることが知られる。この住み分けとも言うべき実態は、現在まで受け継がれているが、その淵源は古代までさかのぼることだったのである。新撰字鏡の「渓」には「澗也、谿也、太尓、佐波」とあるだけで、「や」の訓は見えない。畿内の人に無視された東日本の俚言だったのだろうか。『日本国語大辞典　第二版』は、越谷吾山の『物類称呼』（1775）の「谷　江戸近辺にやと唱ふ」を初出とするが、米沢文庫本『倭玉篇』の「谷」字の訓に「タニ　ヤシナウ　キワマル　ヤ」とある。この本の成立経緯は知らないが、ヤが四つの訓の最後に挙げられていることともあり、興味ぶかい事実だとだけは言っておこう。

二 「港」と「温泉」

和名抄の地名を少し注意ぶかく見ていくと、一つの興味ある現象が浮かんでくる。初めにそれを少し書きだしてみよう。

①　都宇郡（備中）　②　都宇郷（安藝・沼田）
③　紀伊郡（山城）　④　紀伊郷（讃岐・苅田）
⑤　由宇郷（周防・玖珂）　⑥　由宇駅（長門・大津）

右の①は郡部に〈津〉の注がある。②は延喜兵部式・高山寺本駅名にも見えるので、駅家郷かと思われる。この二つはともに「津」に由来する地名であろう。右には挙げなかったが、備後国沼隈郡に「津宇郷」があり、対照資料がなくて確言しえないが、後世の「津之郷」に比定される。③は郡部に〈支〉の注があるほか、古事記の「木臣」、日本書紀の「紀郡」などが該当する。⑤は延喜八年の戸籍にも見え、現在も同じ表記で残っている。⑥とともに温泉に由来する地名であろう。

これについて、奈良時代の官命によって好字二字に改変したのだから当然だ、という人があるかも知れない。確かにその一面はあるだろう。だが、事はそんなに単純ではない。さらに範囲を広げて拾ってみよう。

⑦　温泉郷（石見・迩摩）　⑧　温泉郡（伊予）
⑨　斐伊郷（出雲・大原）　⑩　肥伊郷（肥後・八代）
⑪　弟翳郷（備中・下道）
⑫　宝飫郡（参河）

先の⑤と⑥は音仮名地名であったが、⑦と⑧は表意文字で書かれ、それぞれ〈由〉〈湯〉の訓がある。「温泉郷」は肥後国山鹿郡にもある。⑨には風土記の「斐伊郷」など多くの傍証が、⑩にも風土記逸文の「火邑」、天平九年正税帳の人名「肥君」などの傍証がある。⑪は高山寺本に貴重な注〈弖　国用手字（国には手の字を用ゐる）〉がある。⑫は郡部に〈穂〉の注があり、奈良時代の資料に「宝飫」「穂」の表記が見られる。この類例に和名抄の野応郷（紀伊・名草）がある。日本霊異記下巻の「能応里・能応村・能応寺」によって、本来「野」であった地名が二字化によって「能応」と書かれたもので、和名抄の「野応」は通俗表記の露見と解釈したい。野里郷（若狭・遠敷）が、平城宮跡や安堂寺遺跡から出土した木簡などに「野郷野里」とも見え、延喜兵部式の駅名に「濃飯」が見えるが、高山寺本の駅名の下字は「飫」と解していい。平安時代には「濃飫」が正式な表記だったのだろう。ほかに、呼於郷（和泉・日根）、噌唹郡（大隅）などもある。

右に見たものは全て畿内以西の地名である。ほかに東日本域のものが二つだけある。

⑬　渭伊郷（遠江・引佐）　高山寺本に〈為以〉、大東急本に〈井以〉の訓

⑭　都有郷（越後・頸城）　高山寺本に〈豆宇〉、大東急本郷名に「都宇」の訓

⑭郷名は高山寺本に「都有」とあるが、「有」は極めてまれな仮名で、誤写とおぼしい。しかし、この郷名が「ツウ」の読みを求めていることは動くまい。

それにしても、この二音節らしい地名、それを二字で表記したらしい地名が西日本に偏るのはなぜだろう。そう考えると、日本語史において、一音節とおぼしい語が二音節らしく書かれた例があるという事実が思い起こされる。それは、歌や散文では露見することがほとんどないが、辞書や音義で単語を取りあげるときに現われる。濱田敦（1951）によって平安時代の資料から引き、出典を括弧がきしよう。

⑮　蚊・蚋　加安（新訳華厳経音義私記）

⑯蚊　加阿（最勝王経音義）
⑰尨蹄子　世衣（本草和名）
⑱鉤　知伊（新撰字鏡）
⑲杼　比伊（新撰字鏡）
⑳藺　為伊（延喜内膳式）

万葉仮名を文字どおりに読むと、それぞれカア・セエ・チイ・ヒイ・ヰイとなる。しからば、これらは二音節語であったかというと、ことはいかにも微妙である。

　類聚名義抄は平安時代末期の日本語の声調《アクセント》も伝える貴重な辞書である。それによると、京都のことばには、現在の高低以外の声調もあったことが分かる。一つは仮名の左下隅より少し高い位置に点をつけて下降調を意味し、いま一つは仮名の右肩に点を付けて上昇調を意味した。同書の諸本と周辺の諸書から声点付の語を集めた、望月郁子（1973）によって一音節語の名詞を拾うと、下降調に「衣《え》」、上昇調に「棲《す》・栖《す》・簀《す》・尨蹄子《せ》・沼《ぬ》・歯《は》・檜《ひ》・杼《ひ》・苧《ひ》・妻《め》・褶《も》・屋《や》・柚《ゆ》・藺《ゐ》・餌《ゑ》・麻《を》」がある。

　先にあげた五語のうち、⑰尨蹄子・⑲杼・⑳藺の三語が、まさにそれに当たる。これは偶然とは言えまい。すなわち畿内以西では、東日本よりも一音節語を長めに発音する傾向が強かった。一音節語と思われるのに、その地域では二字表記される地名が多かったのは、そのような事情を反映したのだと考えたい。その音声特徴が現在も受け継がれていること、言うまでもない。

　いくつかの言語事象に注目して本州を東西に分ける等語線を引くと、北端の親不知あたりを要にして、南端は桑名から富士川辺までの扇の形ができる。先に東日本域における例外とした⑭の「頸城」は親不知に近く、⑬の「引佐」は浜名湖を通る線に近い。これは極めて興味ぶかい。すなわち西国的特徴がわずかに東に流れ出たものと解釈できるからである。それは、日本海側に比べて、東海道筋の交流が盛んであったことによるのであろう。

三　陸奥の地名・薩隅の地名

以上の三節では大局的な考察によって、古代地名の地域性、とくに西と東の差異を考えてみた。残る紙幅では、本州の北辺と九州の南端の地名を見てみよう。

和名抄郡部の陸奥国の「気仙」に〈介世〉の訓がある。郷名部では高山寺本にだけ〈気、如結〉の注がある。大東急本には「気仙」「大島」に続けて「気前」の郷名を挙げている。これは、郷名に附せられた訓を郷名と誤認したものだろう。

さて、郡部の訓によると、「気仙」はケセと読まれたことになる。だが、これは奇妙な日本語である。固有の日本語で、エ列音が続くことは極めて稀なことだからである。その稀なばあいも、蔑視語、卑猥な俗語、幼児語に傾く節がある。すなわち、記号的な語には「似而非」の文字列に「えせ」の読みを与え、秘語の「へへ」「めめ」があり、その他は下品な笑い声「えへへ」、あしきさまの擬態語「へべれけ」「でれでれ」、などである。辛うじて幼児語には「ねね」を用い、接頭辞「お」をかぶせた「おてて・おべべ・おめめ」があるにとどまる。一時期、エレキギターを擬音語「テケテケテケ」で表現したのも、耳慣れない楽器音への違和感の成せるわざではなかったろうか。

母音の排列だけではない。「気、如結」の「、」は、漢字「音」の省画「亠」の草書体による、とわたしは見ている。すると、この注は、「気」を「結」のように、すなわち「ケッ」のように読めという指示だと解釈できる。また、下字にあえて鼻音字「仙」を用いたのは、やはり「セン」と呼ばれていたからであろう。つまり、この郡名「気仙」は、平安時代中期の畿内語らしからぬ促音と撥音をもつ地名「ケッセン」だったということになる。それが蝦夷の言語の反映かいなかは軽々には断じえないが、本州の北辺の地名ということで記憶にとどめておく必要があるだろう。

和名抄の地名を巻頭から順に読んで行ってその終わり近くになると、急に読み方が難しくなる。それは特に大隅・薩摩の両国に著しい。このあたりはクマとソの住んだ地域とされているのだが、大隅国では、謂刈（謂列）・始䕞・祢覆・始羅・肝属・馭謨、薩摩国では、納薩・利納・葛例・頴娃・揖宿・給黎などがそうである。誤写も相当にあるようだし、他の文献に参照しうる用例の少ないこともあるが、それを差し引いても難読であることは否めない。用例の極めて乏しい文字の用いられていることも一原因であろう。すなわち、謂・始・䕞・肝・馭・謨・頴・娃・給・黎などである。例えば「始羅」は、古事記中巻の「阿比良比売」、神武即位前紀の「吾平津媛」によってアヒラと読むことができ、続日本紀にも「始㰕」と見える。だが、漢土でも稀用の「始」をここに用いた意図をわたしは図りかねている。

これは文字の問題であって、地名そのものに関わることではないが、かかる文字はどんな人によって選び用いられたのだろうか。中央政権に対して己れの異質性を主張する意図の顕現であろうか。反対に、中央政権が用いたとすると、恭順の意を示した者どもに、権威を印象づける意図があったのかも知れない。いずれにせよ、そのように特異であることも地域性の一つである。

最後に、大隅国の郡名「馭謨」に対して、郡部に〈五牟〉の訓がある。平安時代の用例もあって、「ゴム」と読むことを否定する材料はないので、これは、語頭に濁音をもつ唯一の地名ということになる。これこそ、地域性から見た古代地名の、東の横綱「気仙」に対する西の横綱だと言えるだろう。

おわりに

東西に大きく二分することのできる日本語が、古代にはどうであったかということを、地名から考えた本稿では、次のようなことを述べた。

一　東国では崖を意味する「まま」という語が用いられた。「渓谷」を意味する現代語が、西日本では「たに」、東日本では「や」とおおよそ分かれるが、古代地名にもその傾向が確かめられる。

二　近畿地方では、現在も、一音節語を少し伸ばしぎみに発音する傾向がある。古代にも、西日本には、港に由来する地名「津」、温泉に由来する「湯」が、それぞれツウ、ユウと読める表記や訓を持つことが多く、現在の言語の特徴が、古代にもあったことを思わせる。

三　陸奥国の「気仙」郡は、和名抄の注と訓によると「ケセ」あるいは「ケッセン」と読まれる。大隅国の「馭謨」郡に和名抄は「ゴム」の訓を附けている。ともに古代の中央の日本語としては特異な、あるいは珍しい語形である。それが当時の日本語の北辺と南端に見えるのである。

以上、数少ない「地名」という窓から、古代の日本語を垣間見てきた。今後、古代の文献が新たに発見されることはほとんど望めないだろう。しかし、全国各地で進む古代遺跡の発掘によって、木簡・墨書・刻字土器・漆紙文書などの出土が報告されている。それらによって、地方の物産や地名の判明することが多い。木簡類の出土はなお続く可能性が大きいので、古代日本人の生活の諸相も少しずつ明らかになるだろう。そのための思索を、わたしもたゆまず続けようと思う。

【文献】

工藤力男（1990）「木簡類による和名抄地名の考察―日本語学のたちばから―」（『木簡研究』十二号　木簡学会）

池邊　彌（1981）『和名類聚抄郡郷里驛名考證』（吉川弘文館）
濱田　敦（1951）「長音」（『人文研究』第二巻五・六号　大阪市立大学）
望月郁子（1973）『類聚名義抄四種声点付和訓集成』（笠間書院）

◎本篇は、『日本歴史地名大系　歴史地名通信』50（平凡社　2005）に掲載された。

第三　地名の時代性

日本語学の学徒が日本の歴史地名を対象にするときは、その地名の読みかた・書きかたの由来を考え、その変化の原因を考えることが主な務めとなる。歴史学者や地理学者と見解が対立するときは事によりけりであるが、地名は言葉なのだから、まず、その時代その地域に日本語としてありうる形であるか、ということが第一でなくてはならない。換言すると、言語の学のたちばを優先させるべきだということである。

しかるに、時代性・地域性を無視した、ほしいままの解釈の横行するのが地名論の世界である。その発言をなしたのが著名人であったりすると、その発言が独り歩きする。それが権威ある書物に見えると、後世に長く害をもたらず。京都市の「壬生」について、『日本歴史地名大系　京都市の地名』は、『京都府地誌』（未完、京都府立総合資料館蔵）の記事を引いている。それには「土人云」として、昔、湧泉が多くて耕作に適したので「水生」の称が起こり、のち、「壬生」と書かれるようになったとある。時代の限定されない「昔」は伝説にすぎないのに、権威ある事典に採られたのである。

この記事が有効であるためには、水が湧き出る所を京都で「ミブ」と言った時期があること、それを「水生」と表記する習慣があったこと、その文字が「壬生」に転ずる原因を説明することが必要なはずである。だが、これは順序が逆であろう。「壬生」は、仁徳紀七年条に初見の、去来穂別《いざほわけ》皇子のための壬生部に関わるとおぼしく、皇子女の名代部に相当すると考えるのは日本史学の常識である。皇極紀元年条には「乳部」があり、「美父《みぶ》」と訓注されている。これがなければ、奈良時代の人たちにも読めないほど由来の古い語であったようだ。

時代が特定できればよいというわけでもない。『和漢三才図会』などに、飛騨国の国号の起源を語る記事がある。この国は、もと美濃国に属したが、天智天皇が近江に王宮を造ったとき、多くの良材を馬の駄にして送ると、速きこと飛ぶがごとくだったので、飛騨と称するのだという。これは時代を特定しているが、かかる漢語由来の地名を七世紀に想定すること自体、極めて難しいのではないか。これは文字から創作した起源説話であり、これをまともに受け取る人が多くあるとは思わないが、活字の力は侮りがたい。

右の二つは無名人の思いつきに過ぎないだろうが、名のある人の著述だからとて頭から信じうるものではない。歴史地名の研究に不可欠の『大日本地名辞書』、その増補版の一推薦文を例にとろう。推薦文の筆者は、自身の郷里である福岡県小倉に近い大分県「苅田《かんだ》町」、和名抄の豊前国京都郡刈田郷の項の記述を引いている。その一部に「安閑紀に見ゆる豊国肝等《かんと》屯倉も此なるべし、肝等《かんと》刈田相近し、孰れか転じたるならん、中世の諸書に刈田を神田に作る」とある。

当地についての文証は、和名抄以前では延喜式兵部省の「刈田駅」、以後では本朝世紀長保元年の「賀多郷」なのだから、「刈田」の文字に即して考えるのが筋であろう。正確な由来は不明だが、ともかく初出のカリタを基礎において、のちに音変化した語形が様々に書かれたと考えなくてはならない。日本語史学の常識では、カリタが音変化してカンダあるいはカッタとなったが、音便形は表記法が不安定だったので、「神田」とも「賀多」とも書くことはありえたのである。「肝等」の「肝」は古代唯一の万葉仮名の用例であるが、いちおう「カト・カナト・カニト」などの読みが可能である。したがって、カリタと関連づけることは難しい。ともかく「肝等」の比定地は未詳とすべきなのに、諸書がこの説に従うごとく書いていることには賛成できない。

その推薦文は、さらに筑前国「安曇《あづみ》郷」を取りあげ、そこが奈良時代の安曇連《むらじ》の本貫の地であり、この郷名が日本各地に広がったように書いている。そうして索引の効用を説き、諸国の安曇地名と、音の転じた播磨の安積《あつみ》、能登の安津見《あつみ》、美濃の厚見《あつみ》、三河の渥美《あつみ》、大分の安心院《あじむ》を挙げ、すべて漁業民安曇族の居住地に関連づけている。

播磨の安積の成立経過は未詳であるが、文献上の初出は鎌倉時代末期で、奈良時代の安曇と結びつける手がかりはない。能登の安津見の史料は慶長年間のものが最古らしく、当地の式内社である奈豆実比神社との関連こそが近いように思う。それなら、安曇とは結びつかない。美濃の厚見はアツミとしか読めず、七世紀の年紀をもつ「戊戌年三野国厚見評」の木簡が藤原宮跡から出土している。成立当初からアツミであったと解釈してよいのである。各地に広がる段階で呼称が転訛したとでもするなら話は別だが、それなら、どのようにも解釈することができるだろう。

三河の「渥美」の表記は奈良時代からのものだが、「飽海」とも書かれたことが数点の木簡から分かっている。「渥美」は音仮名表記、「飽海」は訓字表記で、ともにアクミと読まれた。『日本歴史地名大系 愛知県の地名』には、安曇連に由来すると書いてあるが、その蓋然性はほとんどない、とわたしは考える。それだけではない。「飽海」の表記とアクミの呼称は今も豊橋市飽海町に伝えられ、同町には「安久美《あくみ》神戸神社」もあるのである。『大日本地名辞書』の渥美郡の項には、「後世の属、或は握海に作り、アクミとよむは謬れり」とあるが、到底受け入れられない。そのことに一切配慮せず、謬説を褒め上げての推薦文なのである。なお、三河の地でアクミからアツミに変わったのは不思議なことだが、これを正面から論じたものは見たことがない。「渥」「厚」は同義なので、形容詞「あつし」の訓を担いうること勿論であるが、それにしても人惑わせな変化をしたものである。

大分県の「安心」の初出は早く、承和十一年の宇佐八幡宮弥勒寺建立縁起に「安心別倉」と見えるという。これが安心院になるのは、九州に多い「院」地名の普及する中世以降であろう。日本語学のたちばからこの地名を見ると、アヅミのミとアジムのムは割に交替しやすいが、ヅとジは子音も母音も異なる。この二音の間の転訛は、一般的には室町時代以降でなくては考えにくい。『角川日本地名大辞典 大分県』には、安心院盆地はかつて巨大な湖で、葦の茂った土地だというので、葦生「あじふ」「あじむ」と呼ばれるようになったという一説を挙げている。先に見た京都市壬生の話の同類である。

地名の起源譚は、郷土を愛する心の所産、奈良時代の風土記の地名起源説話がまさにそうであった。その心情はいかにも尊いのだから、そこに生きた人々の夢や遊びを伝えるものとして扱うべきである。だが、説話と歴史を結びつけることは慎まねばならない。

この地名辞書の推薦文の筆者の名は松本清張という。

◎本篇は、『日本歴史』二千七年一月号（吉川弘文館 2007）に掲載された。

第四　日本語資料としての古代地名――地域と時代と――

序　川むこうの武庫の国？

見なれぬ地名、聞きなれぬ地名に出あうと、その由来が知りたいと思うのは人情である。自分の生まれ育った所となると、その思いはさらに募る。そこで、ひとり資料を漁ったり、同志を募ったりしてそれを究めようとする。各地に地名研究会が生まれるゆえんである。そのような会の会報や発行物で伺われる会員の多くは、郷土の歴史・地理・民俗などに関心の強い人で、言語の専門家は案外少ない。

日本書紀にも萬葉歌にも登場し、今なお生きている地名「武庫」を、摂津国の成立に関連づけて解こうとする論がある。淀川左岸「東側」の地域を河内と称したのに対して、右岸の側（西側）の地は、「川のむこうのという意味で」「むこの国」と呼んだのではないか、というのである（直木孝次郎 2002）。今も、かかる解釈が研究の名で発表されているわけだが、この論文の廿年ほど前に、この地名をめぐる論争のあったことが、鏡味明克（1985）で分かる。六甲山の原名「むこの山」は、難波の方から「向こう」に見えるからだとする賀茂真淵以来の説が行われ、神戸の郷土史関係書の多くがそれに拠っていたのだという。鏡味は、それが古代日本語として存在しがたい形であることを述べ、ムコ語源が究めがたいのは、古代地名としての類例が乏しいからで、未詳とせざるを得ないとして、郷土愛ゆえに性急に結論を求めることの非を説いたのであった。

このムコ論争が奈良市に住む直木の耳目に触れなかったらしいところを見ると、古代史家の地名論と郷土史家のそれは、近くて遠い世界のようである。向こうに見えるからムコだとするごとき素朴な、あるいは幼稚な論は、これからも繰り返されかねない。彼らが地名を論ずるのは、その地名の由来と遺称地の比定が主な目的であることが多い。言語の研究者は地名を言語の学の対象として扱う。その地名の意味は何か、なぜそう書かれたのか、いかに変化したか、と。

本稿では、右に書いたような認識に立って、文献資料の性質に配慮し、時代と地域に留意し、古代地名から日本語を考え、古代日本語の性質から地名を考える筋道を、いくつかの実例に基づいて論ずる。その方針を箇条書きにしておく。

一　他者の論述を引用するので、「語源」と書くことがあるが、日本語の「語源」を論ずることが危険であることは、工藤（2001）で論じた。地名の「由来」で十分である。
二　同一地名の異表記は、「水泉／出水／泉（山城国相楽郡）」のように斜線で分けて示す。
三　風土記の割注は、被注語に続けて〈本名鹿来墓〉のように示す。
四　主に近代の諸注を用い、出典表示は学会通用の表記による。
五　論者名の敬称は略し、氏名に続けて論著の成立年次をキリスト暦で示す。
六　萬葉集の歌番号は『（旧）国歌大観』によって亀甲括弧内に記す。

一　仮名表記の意味

古代の文化を明らかにしようと考えるとき、資料の乏しさが避けがたい隘路になることは、地名に限られるわけではない。大宝令以後の社会制度はいくらか明らかになったが、それ以前のことはたいてい闇の中である。生活習慣となると、手探りするほかに術がない。人々がどのような言語生活を営んでいたかを考えるとき、我々の用いうる材料は萬葉集に限られると言っていいだろう。だが、その中身は大半が「歌」であって、日常の言語を伺うにはほど遠い。地名は、かかる言語生活を形成する微細な要素にすぎないが、それ自体で一つの語彙体系を成すともいえる。そう考えると、古事記・日本書紀・萬葉集に散見する地名も侮りがたいし、風土記に記載された大中小の地名とその起源説話は貴重な材料である。平安時代中期の行政単位を記録する、和名抄の四千近い郡郷駅名も大事な宝物である。加えて、近年は全国各地で出土する木簡に記録された地名も加わり、若干の地名について、大化以前の手がかりの得られることがある。

地名の由来を究めるとは、いかなることか。序の節で呈示した「むこ」の例から分かるように、先ず、いま自分が用いている言葉に当てはめることを試みる。そしてそれで解けると思うと、時代も地域も考えずに納得してしまう。日本語で解けないばあい、その淵源を近隣の言語に求めることが多く試みられる。この列島に日本人が住みつく前に、別の言語を話す人々が居住して地名を残した蓋然性が捨てきれないからである。欧州の地名、特に河川名から民族の分布や移動の様態を考察したクラーエの業績『言語と先史時代』は、下宮忠雄の訳（紀伊国屋書店刊）でよく知られている。一方、日本列島の地名を近隣の言語で解こうとする試みは、朝鮮語・アイヌ語・南島語を目標としてなされてきたが、ある程度の成果が得られたのは、北日本におけるアイヌ語地名だけだと言ってよいだろう。

上引の鏡味明克は、摂津の地名「むこ」の語源の究めがたさを、古代地名として類例が乏しいことによるとした。和名抄ではほかに伯耆国日野郡武庫郷しかないからである。確かにそのとおりであるが、類例が何個あったら解けるという性質のものでもない。例えば、和名抄を見ると、ヘグリと読まれる平群／平郡が四つの国に、サヌキと読まれる讃岐／散伎／散吉が五つの国に見えるが、いずれもその意味を明らかにはしえていない。

シキと読まれる志岐／志紀／志貴が、大和など三つの国に見える。大和国の志紀は、古代の多くの文献や木簡などにも見え、表記も磯城・志癸・志貴と多彩である。だが、その意味を考えるとなると難しい。古事記は「師木」で一貫している。日本書紀は「志紀」が皇極三年に二度出現するだけで、ほかは「磯城」である。木簡・延喜式には「志貴」とある。日本書紀における初出は神武即位前紀の戊午年九月条「倭国磯城邑、有磯城八十梟帥」で、数行前に「磯、ここには志と云ふ」の訓注がある。神武天皇に抵抗した在地勢力の頭目兄弟を「磯城津彦」と書いているのである。日本書紀はのちの公的な表記を用いたのであろう。古事記が訓仮名表記「師木」と書いたのは、読みやすさへの配慮かとも思うが、真意のほどは分からない。ともあれ、類例が多ければ簡単に解けるというわけでもないのである。

語源の未解決なヘグリ・サヌキはともに音仮名表記であって、語義を考える手がかりを与えてくれなかった。出現回数の最も多い大和の「平群」はこれ以外の表記を見せない。用例の多い摂津のムコは、「武庫」が大半で、神功紀摂政元年と住吉大社神代記に「務古」が一例ずつ、そして萬葉歌に高市黒人の「六児乃泊」〔283〕がある。黒人は何かの興によってかかる文字遣いをしたらしく、六人の児をムコと表現することが萬葉集の時代にあったとは考えがたい。この歌人は、一般に「比良」と書かれる琵琶湖畔の地名を「枚」〔274〕とも書いている。つまり、無意味な音仮名表記を厭うたようである。そのような事情も考えておかなくてはならない。

表意文字で書かれた地名だからとて、それが地名の由来を伝えている保証はないのである。

二　国名表記をめぐって

地名「むこ」の語源を河内国の川向こうと解釈した同一人に、国名表記に関する傾聴すべき論、直木孝次郎（1972）がある。

それは、古事記と日本書紀の国名表記を比べて異同の意義を考えたものである、そこには、違いの認められる廿三の国名について、用例数を掲げている。今、全部については議論できないので、際だった対照を見せるいくつかについて、簡略化して掲げよう。左記の表の上段が古事記、下段が日本書紀における用例数である。

山代	4	0
山背	0	16
三川	2	0
参河	0	2
相武	1	0
相模	0	4
常道	1	0
常陸	0	3
三野	4	0
美濃	1	19
科野	5	1
信濃	0	9
稲羽	3	0
因幡	0	4
針間	7	0
播磨	0	20
粟	2	1
阿波	0	4
木	6	0
紀	2	3
紀伊	0	22
火	0	6
火前	0	1
肥	1	1
肥後	0	2
高志	6	0
高志前	1	0
越	0	29
越前	0	2

記から紀への変化について、直木がまとめた四項目に実例を括弧書きし、かつ直木が推測した変化の理由を摘記する。

Ａ　訓から音へ（三野→美濃）　訓よみには異訓が生じやすいから

Ｂ　二字への統一（高志前→越前）　形式整備を尊重する行政制度の性格による

Ｃ　道から陸・路へ（淡道→淡路）　国名の道は、道制の道と紛れやすいから

Ｄ　字画の複雑化（阿岐→安藝）　形式尊重の律令制の精神から

Ｂ・Ｃ・Ｄについては異論がないが、Ａについてはそうではない。右の挙例で、山代より山背に、相武より相模に、針間より播磨に、それぞれ異訓が生じにくいと言えるだろうか。

右に挙げなかった近江と、二字表記の例が古事記には見えない国についても、同様に対比させると左記のとおりである。

淡海	6	1
近淡海	3	0
近江	0	52
多遅麻・多遅摩	4	0
但馬	0	5
无邪志	1	0
武蔵	0	9

古事記は、二字嘉名への書き換え以前の姿をとどめているので、逐条の比較はできないが、日本書紀の表記には、のちの公式表記が含まれており、両書の方針の違いは明らかに読みとれる。古事記では国名の正しい語形をとどめようとしていたのに対して、日本書紀では二字に統一するために省略を厭わぬ表記を選んだと解釈できるのである。

古事記では、国名を一語として把握しえないばあいでも、構成する語の要素ごとに日本語として意味を把握して表記しようとした。三野・科野・針間・稲羽・常道がそのことを語っている。「越の国」「火の国」を選んでいないのは、古事記の撰録者がその解釈を良しとしなかったのではないか、とわたしは推測している。この事実をわきまえないと、地名の解釈は大きな失策を犯すことになる。

例えば、平安時代の資料で国名「山城」を見て、中世のような山城（やまじろ）が築かれたことに由来すると考える人があっても当然である。だが、山城は延暦十三年の平安京への遷都に伴う変更、すなわち表記の変更で、それ以前は「山背」と書かれたことを知ると、大和側から見て山の北にあるからだ、と解釈したいのもまた人情である。さかのぼって古事記の「山代」に至ると、由来の断定しがたいことを知らされる。国名「美濃」は奈良時代の音仮名化によるもので、それ以前の「三野」について、その三つの野を特定しようとする試みは徒労に終わる。この二種の表記の間に「御野」と書かれたことも知らなくてはならない。壬申の乱における美濃国の功績によるのだろう、と野村忠夫（1982）は言う。

信濃国のシナには、古事記の表記どおりの科の木説と、道や河岸段丘と解する説が対立するようである。和名抄の郡郷名では、前者を支える埴科・穂科・倉科などの古代地名が多いが、中立的な男信郷《なましな》もある。結局、公的な表記の決定段階で、その地名をいかに分析したか、解釈したか、ということしか分からない。日本語としてありうる形であったら、それぞれ認めざるを得ないだろう。

大地名、広域地名は、その地域のどこを指して、何によって名づけられたかは、知りえないことが多い。安藝、伊賀、伊勢、伊予、加賀、甲斐と国名をあげるだけで溜息が出る。かくて、古代地名の由来を考えることについて、わたしは極めて懐疑的なのである。

三　地名起源説話の読み方

記紀と風土記に残された地名起源説話の性質は、基本的に異なることがない。ゆかりの事情を記して、その物や発言や行為などに因んで地名が生まれたというのである。だが、撰録時点の呼称と異なるのはのちに変化したからだというので、風土記の記事がじかに言語資料になることは少ない。その変化の様々な原因を書き留めた豊後国風土記について、日本古典文学大系本によって、原因の型毎に一つずつ拾ってみよう。「訛り」「誤り」「改めて」「因りて何某と曰ふ」の頭の二字を括弧書きしておく。

A　久津媛《ひさづひめ》↓久津媛部↓日田（訛り）

B　堡《をき》有り。築くに石を用ゐず↓無石《いしなし》の堡↓石井郷（誤り）

C　日下部君らの祖、靫部に仕へて住む↓靫負村↓靫編郷（改め）

D　昔、樟の樹ありき↓球珠郡（因り）

A・B・Cの三つの型では、起源説話からさまざまの変化を経たのちの地名なので、取り扱いに細心の注意が必要である。遠藤邦基（1974）は、それを日本語音韻史の資料に取り込んで成果を上げた数少ない業績である。Dは、地名の解釈を説話からじかに導き出したもので、わたくしに《直接型》と称している。出雲国・播磨国の両風土記にはこの型が多い。だが、明快なのでそこから新たに日本語を掘りだすことは難しい。

『時代別国語大辞典 上代編』は、風土記の地名起源説話から若干の語を発掘した。井手至（1976）は、播磨国風土記の賀毛郡「伎須美野」から動詞「きすむ（蔵）」、託賀郡「支閉丘」から動詞「きふ（尽）」、宍禾郡「比良美村」から名詞「ひらみ（褶）」を紹介している。いずれも直接型である。宍禾郡「伊奈加川」から「いなく（嘶）」を抽出するのも同じである。井手論文は、飾磨郡大野里が、もと荒野であったことから大野の意味を推定した神堀忍の説を紹介し、揖保郡佐比岡から四段動詞「さふ（障）」の存在を推定してもいる。

文献すべてについて言えることだが、特にそれを言語資料として用いる際に最も重要なことは、まず正確な日本語として再現させることでなくてはならない。その実際を出雲国風土記について見よう。島根郡方結郷の起源説話である。

国忍別命、詔《の》りたまひしく、「吾が敷き坐す地は、国形宜《くにがたえ》し」とのりたまひき。故《かれ》、方結《かたえ》といふ。

（日本古典文学大系本による）

近代の諸注は右のように読んでいる。四十年前に風土記をこの本で初めて読んだときから、わたしには不審感があった。「結」の和訓「え」を知らないからである。これは、遺称地「片江」に引きずられた読みではないか。『地名大系 島根県』によると、正保国絵図に片江浦が見えるが、天正二年の「湯原春綱帆訳覚書」に「かたゆい浦」があるという。それなら、十六七世紀の交に転じたことが伺われるので、沖森卓也他（2005）のように、カタユヒと読み、「宜」もヨシの訓でよいのである。当郷の前後の郷名は、「丁寧《たし》」による「手染《たしみ》」、「御穂須須美命《みほすすみのみこと》」による

「美保《みほ》」、「光加加明也《ひかりかかやきき》」による「加賀」、「不憤《いくまず》」による「生馬《いくま》」のように説かれている。いずれも語頭の二拍に因むと考えたのだろう。ならば、「方結」はカタユヒで、のちにカタエに変化することは十分にありうることである。

古代文献のうち、記紀萬葉集とは異なり、風土記には良質の伝本が少なくて本文の定めがたいことが多い。近年、風土記研究会会員による本文の校合が進んでいるので、校本の恩恵に浴する日も遠くないだろうが、それまでは、いま得られる限りでの本文を読みこむことが必要である。

さて、播磨国飾磨郡の「安相里〈本名沙部云　後里名依改字二字注　為安相里〉」（古典大系本による）がある。「沙部」から「安相」へでは二字であることに変わりがないので、「沙」を「砂」の通用字と見てイサゴと読み、「部」を省いた形の転を考える立場と、「阿沙部」の校訂本文を作った井上通泰『播磨国風土記新考』の立場とがある。いずれの可能性もあるが、ここではもう一つの問題を考える。

この里名の起源は「但馬国朝来人　到来居於此処　故号安相里」とある。「朝来」も「安相」もアサコと読む注が多かった。「相」の漢字音はng韻尾なので、万葉仮名としてかく読むのは異様なのだが、橋本雅之（1986）に至ってようやくアサグ説が唱えられ、新編日本古典文学全集本がそれに従った。かつて、岩波文庫本は「来」をグと読むことを厭うたか、アサク（朝来）、アサグ（安相）と読みわけた。万葉仮名の論理と和訓の自然さとが衝突した難題である。ここに出現した地名は、アサク・アサグ・アサコのいずれも、日本語としての意味が把握しがたい。その事情は他の多くの地名と変わるものではないが、かかるばあいは、まず表記の自然さを尊重すべきだ、とわたしは考える。新編日本古典文学全集本もそうなのだろう。言語の学の立場である。

そこに援用したいものとして、同国揖保郡「香山里」の記事がある。標目の下に〈本名鹿来墓〉と割注し、伊和の大神が国を占めたとき、鹿が来て立った山の岑が墓に似ていたので、「鹿来墓」と名づけ、後に山名を改めて「香山」としたという。諸注もカグと読んでいる。カグを自然な日本語と感ずるか否かは微妙だが、「香」の音と和訓に支えられているのだろう。あるいは、鹿来墓はカク墓であったが、次第にカグ墓に変わり、香墓の文字を招いたのが真相であろうか。カグといえば、橋本雅之も言及する、萬葉歌の「香来山」〔28・199〕、それに「芳来山」〔257〕の表記がある。和訓の文字列「香来／芳来」において、「来《く》」は連濁した「グ」で読みえたようである。「朝来」においても連濁によるアサグを認めてよいだろう。

風土記には校合しうる伝本が少ない事実を冷静に受けとめる必要がある。出雲国出雲郡漆沼郷は、高山寺本和名抄に「漆治」、大東急本に「漆沼」とあるほか、天平十一年の出雲国大税賑給歴名帳には「漆治」とある。起源説話には、神の又の名「菰枕志都沼値」によって、「志刀沼」とし、神亀三年に「漆沼」に改めたという割注がある。「菰枕」は冠辞であろうが、「志都沼値」は異様というほかない表記である。かつて、和名抄の地名を音訓交用表記の視点から考えた工藤（1979）にも書いたが、ヌの仮名には、主に「努」、まれに「農」が用いられるので、音訓交用表記の「漆沼」はそのまま受けいれるわけにはゆかず、「沼」は「治」か「冶」の誤写であろうか、とした。もっとも、沖森卓也他（2005）は、通説と違って「努・農」をノ乙類の仮名と見て、神名も郷名もシツヌで通す。ヌ・ノ乙類の音仮名は扱いが難しい。

播磨国揖保郡林田里の本の名「談奈志」は、伊和大神が占有時に印として立てた楡の樹による名だという。岩波文庫本は「談奈志」をタナシと読みながら、読み下し文では「淡奈志」として、「談は淡と通用か」と注した。そして、楡にはニレと振仮名したが、タナシが何かは分からない。古典大系本は「談奈志」のままで、楡ともにイハナシの訓を与えた。新編全集本は従来の解釈が楡に引きずられたことを言い、「淡奈志」の本文に拠ってタナシメと訓じた。「手之標《たなしめ》」の意と解する大胆な解釈だが、この文字列でこう読ませるのは至難のわざである。

かくて、風土記の解釈は本文の整定から始めなくはならず、前途はなお遼遠である。

四　地名の地域性と時代性

現存の風土記を見ると、続日本紀の和銅六年の官命のうち、「古老相伝旧聞異事」を記録することに最も熱心だったのが常陸国らしい。巻頭の総記が「常陸国の司、解す。古老の相伝ふる旧聞を申す事」で始まっており、内部の記事には、俗云・風俗諺・風俗説などの注記が廿ほどあって関東地方の言語の片鱗を伝えているかと思う。

当国には倭武天皇に因む伝承が多い。例えば、天皇が信太郡の乗浜に至ったとき、海苔〈俗、乃理云〉が多く乾してあったので、「能理波麻村」と名づけたという。藻のノリは中央の古代文献に多く見えるので、あるいは、その内の種類を限定する意図があるのかも知れない。そう考えるのは、行方郡の当麻郷に関して、やはり倭武天皇の車駕が通った悪路の意をとって言うのだとし、当麻〈俗云多々支々斯〉の注記があるからである。タギタギシは、古事記中巻、景行天皇段の同じ倭建命の遭難記事に「今吾が足歩得不《あゆみえず》、当藝当藝斯玖《たぎたぎしく》成りぬ」〈日本思想大系本による〉とあり、倭建の脚の状態を言うのだとすると、同一語ながら言及する対象か意味かの違いによる注記と見るべきかも知れない。

常陸国久慈郡の名は、郡の南にある小丘の形が鯨に似るゆえに、倭武天皇が名づけたとある。古代語の鯨はクヂラ、久慈はクジ、この仮名違いが古来議論の的で、上引の遠藤論文にも類音として言及されている。当郡の助川駅条は、川で鮭を取るために「助川〈俗語謂鮭祖為須介《すけ》〉」と名づけたとする。スケは古代文献の孤例で、東国語かとされている。

以上は、既に指摘された事がらである。ここに新たに久慈郡の「静織里」を取りあげる。この里名の起源説話は、綾を織る機を知る人がなかったが、時にこの村で初めて織ったので名としたという。言葉足らずの記事で、本文にも疑わしい箇所があるが、綾を織ったゆえに静織里と呼ばれたということは確かである。和風の文様を織り出した織物をシツ、あるいは「織」を添えてシツオリ、その縮約形シトリなどの行われたことは動くまいが、難しい問題も含んでいる。万葉仮名表記の例から、古代には第二拍清音のシツが標準的な語形であったとするのが一般である。後世はシヅの語形も行われ、シツオリもシドリと呼ばれることもあったようだ。岩波文庫本は静織をシトリ、綾をアヤと読み、新編全集本はそれぞれシトリ、シツと読み、詳しい説明はない。『時代別国語大辞典 上代編』には、この里名の静織によればシヅと濁る語形も存在したか、とある。

現代東北方言に著しい、母音に挟まれた無声の破裂音の有声化する現象が、いつ始まり、その範囲はどの地域まで及ぶのか。そう考えるときに思い出されるのが、周知の例、萬葉集の「葛飾」である。巻第三、山部赤人の長歌〔431〕の題詞「勝鹿の真間の娘子の墓に云々」の下に、「東《あづま》の俗語に可豆思賀能麻末能弓胡《かづしかのままのてご》と云ふ」とある。同集巻第十四の東歌には、葛飾の「葛」にあたる二音節を「可豆」と書いた歌が三首〔3349・3385・3386〕ある。「豆」は一般に濁音ヅの表記に用いられたので、カヅシカの語形を伝えた蓋然性が大きい。

続日本紀以降、「秋田」に固定する地名が、斉明紀五年条に「飽田」、四年条に「齶田」で出現する。幼児などが片言を発することを、中央の日本語で「あぎとひ」と言ったことが、古事記垂仁天皇段の仮名書き「阿藝登比《あぎとひ》」で分かる。アギはアゴの古語である。古典大系本はともに「あきた」と振仮名している。それでは、漢字表記の違いは何を意味するのか。井上通泰『上代歴史地理新考 東山道』には、夷語ゆえに「発音うるはしからずして」アイタともアキタとも聞こえたからだという。これは夷語としての説明であるが、日本語として見ると、齶田にも別の説明が可能ではないか。先の葛飾と同じように、中央の日本語としてはアキタであるが、現地の発音はアギタと写すほうが自然だった、というように。

置賜郡にも一考すべきことがある。日本書紀の持統紀三年正月朔日条の陸奥国「優耆曇」郡が、出羽国「置賜」郡に相当する蓋然性について、井上は「曇」の漢音がダムなので、タミにも転用しうることを言い、亀井孝（1967）は、優耆曇の読みの諸説のうち、ウキダミ、ウキヅミ、ウキドミは、「曇」の呉音による万葉仮名の例だと見ている。どのみち意味は不明ながら、中央語の置賜《おきたみ》が、現地で、例えばウキダミのように呼ばれた蓋然性も捨てきれない。とまれ、下字「賜」の頭音が有声音で発音されたと解釈できる。地名から北日本の音韻状況が垣間見えたと言えるだろうか。

視線を西国に転じよう。萬葉集巻第六、筑紫の次田温泉で大伴旅人が詠んだ歌「湯原に鳴く蘆鶴《あしたづ》はあがごとく妹《いも》に恋ふれや時わかず鳴く」〔961〕の「湯原」に、桜楓社版『萬葉集』はユノハルと附訓している。「原」をハルという九州方言に拠ったのだろうし、九州出身の編者、鶴久・森山隆の心情も分かる。だが、漢字の和訓は中央の日本語を基準に考えるべきであろう。萬葉集に限らず、すべての古代文献の意字表記に方言の可能性を考えたら、根本的な読み替えが必要になるだろう。だが、その可能性は極めて低いと考えることを、工藤（2005）で述べた。方言の地名を表記するには、中央語に基づいた和訓の体系による意字によらず、万葉仮名によるべきだ、と古代日本人は考えていたのだと思う。萬葉集巻第十四の東歌がそうであった。

和名抄の地名を冒頭から順に見ていって、終わり近くなると急に難しくなる。大隅・薩摩の両国はそれが特に著しいことを、右の旧稿で述べた。姶䕭・揖宿・給黎・謂刈／謂列・祢覆・肝属・納薩・利納・葛例・頴娃などがそうである。稀用字が多いうえに、誤写や重複の疑いもある。そのほかに、郡名の姶羅は古事記神武天皇段の「阿比良比売」によって読みが判明し、馭謨は大東急本郡部の訓〈五牟〉によって、語頭濁音を有する地名の孤例になる。揖宿は上字が「指」に変わり、給黎とともに今に残るが、やはり難しい。古代文献にこの地域の民を熊襲・隼人と書いていることと無縁ではあるまい。

平易な文字で書いて用例が多ければ分かるというものでもない。高山寺本に一貫して「夜開」と書く郷名五つが、西海道の四つの国に見えるが、どの郷も他文献の用例はない。大東急本によると、ヤケと読まれて表記の異なる「益気郷」が播磨国印南郡にある。播磨国風土記の「益気里」で、大帯日子命がこの村に御宅を作ったので「宅村」という、と伝える。古典大系本は、ミヤケ（屯倉）をヤケという例はなく、地名説明のための説話にすぎない、と素っ気ない。新編古典全集本は、ヤケは家屋だけではなく、その周辺の居作地を含む、とする。この解釈は、『時代別国語大辞典 上代編』の記述を受けたものだろう。このヤケ郷と九州の五つのヤケ郷が同じか否かは遂に分からない。

再び東国を見ると、読みを確認しうる他出文献は多くないが、少なくとも、和名抄の地名には西国のような難しさはない。この違いは意外である。アイヌ語地名の残存がほとんど伺えないのである。行政区画の大地名ゆえだろうか。もっと小さな地名では事情が異なるかも知れない。そう考えると、吉田東伍『大日本地名辞書』の汎論第一「地名総説」が思い出される。上引の秋田・齶田についても言及しているが、ここでは微小地名に注目しよう。

同書は、延喜式神名帳に出る陸奥国気仙郡「理訓許段神社」と後世の宮城郡「利府村《リフ》」は、語頭にラ行音を有するゆえ「国語」にあらず、蝦夷語である、としている。さらに神名帳から、胆沢郡の於呂志閉《オロシヘ》、栗原郡の遠流志別《ヲルシベチ》、続日本紀・日本後紀から出羽国の邑良志閉《オラシヘ》を挙げた。新日本古典文学大系本続日本紀は、「邑良志別《オラシベツ》君宇蘇弥奈良」を地名かとしている。かかる視点で読むと、出羽国平鹿郡「波宇志別」神社も同類に見え、ハウシは語中の母音拍も注目される。

古代地名における東国と西国のこの違いは何によるのか。一つ考えられることがある。蝦夷地を日本国の版図に入れた江戸時代以来、アイヌ語地名受容の主な方法は、音訳が大半であるが、時に、チュプカペッ（東方から流れてくる川）を「旭川」とするような意訳、死骨を連想させるシコツを厭うて「千歳」としたような改名がある（更科源蔵 1982）。古代文献に散見する東国の地名に音訳らしいものは、右に見たような神名帳の数例に過ぎない。これは、多くの地名が意訳や改名、あるいは恣意的な命名がなされたからではなかろうか。この方法がとられたのは、特に語構造が日本語と異なり、二三の漢字で表記できるものが多くなかったからである。これを証明する術はもうないが、その蓋然性は大きい、とわたしは考えている。一方、西国に残っていた地名は、語構造が日本語のそれとさほど違わなかった。つまり開音節構造による、二三音節の地名が多かった。そこで、アイヌ語地名について右に想像したような方法を採る必要を認めなかったのだ。

古代地名における東西の著しい違いは、以上のように解釈することができる。

結　幻想の地名学

世上に氾濫する地名関係書の多くは、序の節で述べたような態度で書かれている。そこには、日本における地名学の不毛を嘆く言説が吐露されることも多い。言語の学の研究者の中にも、かかる発言をする人が稀にあり、近年も「日本語地名を研究する人のために」と題する本が刊行された（世界思想社 2004）。地名学が必要だというなら、人名学、動物名学、植物名学、鉱物名学、その他もろもろ、およそ名の着く物すべてに関する学が必要なことになるだろう。

地名は大地に記された名前である。名前は言葉である。右にあげた諸々の学は、言語学、あえて分ければ名称学に過ぎない。だから、欧米などで発達した名称学（Onomastics）に詳しい柴田武などは決して地名学を唱えたりはしない。地名を対象にした研究は、その方法によって、地理学的、歴史学的などを冠称すれば済むことである。わたしはそのことをしばしば主張してきたが、結論を求めるに急な人は、方法を自覚せずに無益な論を吐いている。過ぐる三十年間、地名研究振興を唱えつづけた谷川健一（1984）は言う、「歴史学、地理学、民俗学、国文学、言語学などの諸学問による協同作業が不可欠である」と。協同作業は当然であるが、言語学こそ最初に挙げなくてはならない、わたしはそう考える。

かつて、篤志家の中野文彦は日本地名学研究所を設立し、機関誌『地名学研究』を刊行した。創刊号に澤瀉久孝、二号に柳田國男・柴田實、四号に新村出の祝辞を掲げ、五年間に十九冊を発行して休刊した。経済的な理由による休刊だとあるが、最終の十九・廿合併号の編集後記には、「純学術的な専門誌として育てるか」「趣味的色彩を加味して広く読者を得るか」迷っているうちに、そのいずれにも満足されない状態であった、と書いている。いま読んで真に批判に耐えうる論文はごく少なく、特に古代地名の論にそれが乏しいので、中野の苦渋がよく分かる。

日本地名学は幻想に過ぎない。わたしたちは特に古代地名研究の限界をよく弁えて、謙虚に対象に向かわねばならない。

【文献】

直木孝次郎（2002）「摂津国の成立」（『歴史と神戸』二百卅五号）、引用は同氏著『日本古代の氏族と国家』吉川弘文館（2005）による
鏡味明克（1985）『地名が語る日本語』（南雲堂）
工藤力男（2001）「辞書編纂における研究者の責任」（『国語学』第五十二巻一号　国語学会）
直木孝次郎（1972）「古事記の国名表記について」（『人文研究』第廿三巻第十分冊）、引用は同氏著『飛鳥奈良時代の研究』塙書房（1975）による
野村忠夫（1982）「再び律令的行政地名の成立過程について―二枚の木簡から―」（『古代文化』第三十四巻十号）、引用は同氏著『古代貴族と地方豪族』吉川弘文館（1989）による
遠藤邦基（1974）「類音と連想―古代の地名譚を中心にして―」（『王朝―遠藤嘉基博士古稀記念論叢』洛文社）
井手　至（1976）「古代地名と上代語」（『言語』第五巻七号　大修館書店）
沖森卓也他（2005）『出雲国風土記』（佐藤信・矢島泉共著　山川出版社）
橋本雅之（1986）「地名の読み方―『播磨国風土記の「安相」―」（『風土記研究』二号　風土記学会）
工藤力男（1979）「言語資料としての和名抄郷名―音訓交用表記の検討―」（『岐阜大学教育学部研究報告・人文科学』第

廿七巻）
亀井　孝（1967）「郡名および郷名『綴喜』について」（『日本歴史』二百三十三号　吉川弘文館）
工藤力男（2005）「古代地名の西東」（『日本歴史地名大系　歴史地名通信』50　平凡社。本書補論第二に収録）
更科源蔵（1982）「アイヌ語地名解」（『更科源蔵アイヌ関係著作集』Ⅵ　みやま書房）
谷川健一（1984）「創刊の言葉」（『地名と風土』一号　三省堂）

◎本篇は、『國學院雜誌』第百八巻十一号（2007）に掲載された。

第五　史学と語学のあいだ——壬生をめぐって——

一　三様に読まれた壬生

副題の「壬生」を読者諸賢はいかに読んだだろうか。

江戸幕府末期、新選組の屯所があった京都の壬生寺を知っている多くの人はミブと読むであろう。およそ日本の地名に少しでも関心のある人なら、この地名「壬生」の読み方に迷うことはあるまい、とわたしは思う。だが、現実はそう簡単ではない。次に掲げるのは、角川書店『古代地名大辞典―本編―』（1999）から採った、項目の郷名と説明の冒頭部分である。引用にあたって、横組みを縦組みに変え、割りルビを省いた。なお、本書は、その「序」によると、『角川日本地名大辞典』の「各県別のデータのうち古代に関する全情報を抽出し、これを整理」するなどして編まれたものである。

にぶのごう　壬生郷〈鴨川市〉〔古代〕平安期に見える郷名。「和名抄」安房国長狭八郷の1つ。東急本は「尓布」と訓む。

みぶのごう　壬生郷〈磐田市〉〔古代〕平安期に見える郷名。遠江国磐田郡十五郷の1つ。東急本の訓は「尓布」。

にふのごう　壬生郷〈福岡県〉〔古代〕平安期に見える郷名。「和名抄」筑前国上座七郷の1つ。伊勢本・東急本の訓は「尓布」。

右のように、平安期の「壬生郷」に三様の訓が附けられているのはなぜだろう。その理由は三つくらいが考えられようか。

一　所在地が関東・中部・九州と大きく離れているから読み方が違って当然という解釈
二　後世に残った地名によって異なる読み方が施されたとする解釈
三　県ごとに異なる執筆者の判断が反映したのだろうという解釈

壬生郷は、和名抄では右掲の三ヶ国のほかに、美濃国・安藝国にも見えるので、さほど隔たらぬ時期に広くつけられた文化地名に違いない。ならば、和名抄時代に地域によって大きく変化していたとは考えがたく、まずは同じ読みを探るべきで、第一の解釈は成り立ちにくい。ここの記述は、「平安期に見える郷名」とあるように、まずは平安期の読み方を掲げればよく、のちの変化を議論するのは筋違いである。したがって第二の解釈も成りたたない。執筆者が異なるから、という第三の解釈は蓋然性が高そうに見える。だが、見て明らかなように、三県ともに東急本の訓「尓布」に基づきながら、異なる読みをしているのである。そこがおかしい。これらの辞典には書いてないが、じつは元和本も同じ訓をもつのだということを指摘しておこう。つまり、東急本・元和本の同じ訓によりながら、三様に読んでいるのである。かかる現象が生じたのはなぜか。それを考えるのが本稿の主目的である。

以下の論述で、『和名類聚抄』の本文とその略称は左記による。

高山寺本　臨川書店刊『諸本集成倭名類聚抄　本文篇』
東急本　雄松堂刊『大東急記念文庫本倭名類聚抄』
元和本　臨川書店刊『諸本集成倭名類聚抄　本文篇』

二　京都壬生村の伝承から

初めに、現代の地誌が京都の壬生寺の地をどう記述しているかを見る。
平凡社版「日本歴史地名大系」の『京都市の地名』の「壬生村」条に左記の記事がある。点線部は省略を意味する。

> 村名について、「京都府地誌」は「土人云」として、昔、湧泉が多く耕作に適していたために、「水生《みぶ》」の称が起こり、しだいに「壬生」と書かれるようになったと説く。「拾芥抄」西京図にも村域内に多くの「小泉」の記載がある。……壬生寺も寺伝によれば正暦二年（九九一）に創建されている。

「土人」は、地名起源説話によく見る「古老」に相当する、実態のない存在である。

『角川日本地名大辞典京都府』は、右の記事をさらに簡略化した記述で、古代は湧泉が多かったので、「水生」の称が起こり、のちに「壬生」と記すようになったという。かれは「昔」とし、これは「古代」とする。「昔」は歴史を超えた時間なので、無視するとして、「古代」にはいつごろを想定したらいいのだろうか。

「古代」を広く解釈して、「水《み》－生《ぶ》」という語構造を説明するには、まず、正暦二年以前に「生《ぶ》」がどのような日本語に出現したかを見なくてはならない。そこで、『時代別国語大辞典上代編』の「ふ【生】」の項を見ると、白檮《かし》ノフのほか、粟生・茅生・麻生・豆生・丹生・埴生・葎生《むぐらふ》などが見える。植物の生えている所を言うらしい。前稿「和名抄地名新考（六）」（『成城文藝』二百四号 2008、本書第五章）にも書いたが、日本書紀・萬葉集の「味経・味原」、続日本紀の「鯵生野《あぢふの》」は、鳥が群れて棲む所らしい。

時代を下ると、蓬生《よもぎふ》・稲生《いなふ》・萩生《はぎふ》・栗生《くりふ》・菅生《すがふ》・萱生《かやふ》などもあるが、いずれも「生」は「フ」の音形で実現しており、濁音化した例を見ない。そう考えると、平安時代の半ば、京の都で水生をミブと呼んだと考えることは難しい。百歩譲って「水生」を認めるとして、後にそれを何ゆえ「壬生」と書く必要があっただろうか。寺伝による創建時の正暦二年は、和名抄の編纂時と推定される時期を下ること半世紀に過ぎない。

三　壬生と丹生

和名抄に見える地名「壬生」郷に、東急本・元和本は「尓布」の訓がつけてあるのに、現在行われている三つの県の地名大辞典の読みが三様に分かれていることを第一節で見た。それでは、和名抄の最古の写本たる高山寺本ではどうだろうか。

高山寺本には、「迩布」の訓が三ヶ所に見える。だが、それは「壬生郷」についてではない。越前国「丹生」郡と、伊勢国飯高郡・若狭国遠敷郡の「丹生」郷についてである。すなわち、高山寺本は「壬生」には訓をつけず、「丹生」にだけつけたのである。一方、東急本は、伊勢国飯高郡・若狭国遠敷郡・土佐国安藝郡の「丹生」郷と越前国の「丹生」郡にも「尓布／爾布」の訓をつけている。

記述が錯綜したので、高山寺本と東急本を対比させ、それに元和本も添えた形で示すことにする。三つの万葉仮名、尓・尒・爾は、ここでは書き分けておくが、これらは「ニ」の仮名として一つに括ることができるので、以下の記述では厳密に区別しないことがある。

郡郷名（国名・郡名）	《高山寺本》	《東急本》	《元和本》
壬生郷（遠江・磐田）		尓布	尒布
壬生郷（安房・長狭）		尓布	尓布
壬生郷（筑前・上座）		尓布	尒布
丹生郡（越前）		爾布	尓布
丹生郷（伊勢・飯高）	迩布＊	尓布	尒布
丹生郷（越前・丹生）	迩布		
丹生郷（若狭・遠敷）	迩布	爾布	尓布
丹生郷（土佐・安藝）		尓布	尒布

上表によって、高山寺本と東急本の本文の違いが明らかに見てとれる。高山寺本は「壬生」に訓がなく、東急本は「壬生」と「丹生」を区別していないのである。この差異が、依拠した本によるのか、書写したのちに施注した人によるのかは、明らかでない。なお、高山寺本の一ヶ所に見える注記「出水銀」は、小さな＊に変えて示した。

古代の木簡、例えば奈良文化財研究所の『飛鳥・藤原宮発掘調査出土木簡概報』十五号（2002）に紹介された「□□国入評」は、越前国丹生郡と推定されている。また、全国に広く分布する地名や神社名の「丹生」がほとんど「ニュウ」の形で今に伝えられていることも、日本人の常識に属する。一方、やはり全国に多く見える「壬生」も、ほとんどが「ミブ」の読みを伝えている。これほど明瞭に分かれているのに、何ゆえに混乱が生じたのだろうか。

四　「壬生＝ニフ」説の淵源

和名抄の郷名「壬生」につけられた東急本の訓「尒布」が何に由来するのか。その由来をたどってゆくと、手がかりは意外に近い所にあった、とわたしはにらんでいる。

日本語学・日本文学・日本史学の研究者なら、ごく普通に使っている古辞書、『色葉字類抄』である。尊経閣蔵二巻本の影印から「仁」部の姓氏門を借りて示すことにする。他の二巻本も三巻本も、この姓氏に関しては差がないと言える。

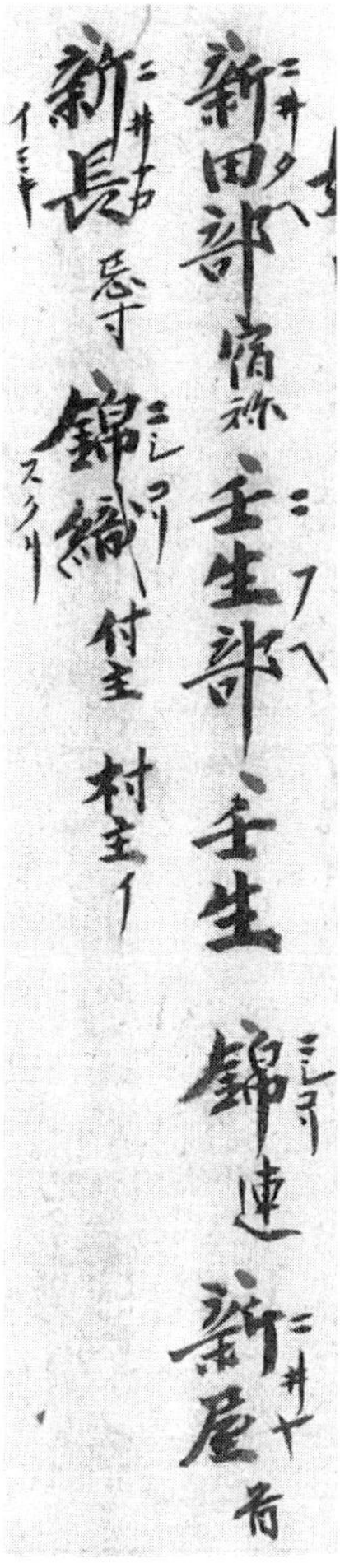

図3　（公益財団法人前田育徳会所蔵。『尊経閣善本影印集成19　色葉字類抄二』八木書店より転載）

注意すべきは、これが地名にも広がっていたか否かは不明だということである。また、この姓氏「壬生」の読み「ニフ」が、どこの壬生氏から発したかということも知りえない。ただ、地名が動くことはまれであるが、人間はホモ＝モーベンス、移動する動物なので、地名より広く拡散しても不思議ではない。

字類抄の姓氏門に出現した部と臣の「壬生　ニフ」はその後どうなったか、気がかりである。だが、以後の辞書や故実書にはそれが見いだせない。そこで、いくつかの書を覗いてみよう。

壬《ミツノエ》　葵《ミツノト》　―生《ミブ》　（妙本寺蔵永保二年『いろは字』）
壬生《ミフ》下京小路　（元亀二年京大本『運歩色葉』）
壬生《ミフ》（新訂増補故実叢書本『拾芥抄』姓戸録第五　公）
壬生《ミフ》（『頓要集』第五十　氏姓部）
壬生《ミブ》（『易林本節用集』）

以上のように、わたしの探索では、地名のみならず、姓氏についても「ニフ」としたものは見当たらなかった。だが、さらに少し時代を下って、それに巡り合うことになった。慶安三年刊『かたこと』の巻第五、「国名所丼寺号部」である。

一　壬生《みぶ》は　にぶとも　にぷともよむ。くるしからず

見出しの「みぶ」が正統であることは言うまでもないだろうが、とにかく、江戸時代初期に、皇都の壬生寺が「ニブ」と呼ばれることもあったことは確かなようだ。

姓氏にも一つあった。正保版歌仙家集のうち、「躬恒集」の歌の詞書きである。当該箇所に傍線を附し、歌番号を括弧書きしておく。

ゐきの御時に、にふのたゝみねか、おほやけの御使
にてものへまかるに、大井河のもとにまかりあひて、
物なといひかくるに、たゝみねかいそきてまかりな

けれは、よみ侍
と、むれとと、めもかねつおほゐ河ゐせきをこえて行水のこと〔241〕

他の諸本にはこの歌が収められていなかったり、あっても名前が漢字で書かれたり、「た、みね」だけだったりして、「にふ」を見ることのできたのは、この版本だけである。字類抄に始まった、壬生を「ニフ」と読むことが、江戸時代初めころまで生きていたことは確かなようだ。

五　本居宣長の解釈

壬生のミブがニフ乃至ニブに転じたことについて、最も簡単な解釈は、語頭のm音とn音の交替によるとすることであろう。語頭には特にそれが多いことは、わたしたちも経験で知っている。金田一京助『増訂国語音韻論』(1938)には、蜷(ニナ／ミナ)、韮(ニラ／ミラ)、零余子(ヌカゴ／ムカゴ)など十組を超える例が挙げてある。金田一氏は古代朝鮮の地名「任那」をミマナと読むこともそれだろうという。これは固有名詞なので、壬生の参考になる。

第一節に見た混乱から考えると、この壬生の読み方をめぐる問題は、はたしてきちんと議論されてきたのか、と疑われる。少なくとも、自分が研究生活に入ってからは、議論された記憶がない。思うに、それは、既に議論が尽きたと考えられていたのではなかろうか。

過去の研究でまず就くべきは、本居宣長『古事記傳』の巻第三十五、仁徳天皇段に見える。その記述から適宜引くことにする。以下、引用は筑摩書房版の全集による。

壬生は、日本書紀皇極天皇の巻の訓注「乳部此《ヲ》云《フ》二美父《ミブト》一」によってミブと訓ずべしとし、「そもそも壬生は昔より、美夫《ミブ》と爾夫《ニブ》と、二ッの唱《へ》ありて何れ正しからむ、決《サダ》めがたきに似たれども、右の書紀の訓注に依て決《サダ》むべきなり」と述べている。宣長の時代にもまだニブの行われることがあったのである。また、第一音節を「ミ」とする根拠として、拾芥抄に、美福門は壬生部が造ったとあることも一証になるとする或る人の説を紹介している。宣長が常用していた和名抄が元和本であることは、他の著述からも判明している。壬生の訓「爾夫」の例はそれによっているのだろう。また、躬恒集に壬生忠岑を「にふのたゝみね」と書いてあることも紹介した上で、ニブは「やゝ後に音便にうつれる唱へなるべし。今京の壬生も、美夫《ミブ》とも爾夫《ニブ》とも呼り《イヘ》」とする。ニブの寿命の意外に長かったことが分かる。また、ある人が、ニブは乳部の字音で、訓注の「美」は誤写だとしたのを非とする。さらに、師が、壬生はもと地名丹生だとしたことも排斥している。

わたしには、漢籍におけるこの字の用法について発言する能力はないが、「妊」の意で用いた例のあることには注目していいのではあるまいか。大化前代、皇子養育の経済的基盤として設置された名代部・子代部を一括したのが、乳部・壬生部だとされる。ミブべは由来未詳の語ではあるが、皇子に関わる妊娠と出生に備えた部と想定することは、決して不自然ではないと考えるからである。

以上によって、第一節に引いた壬生の読みの錯綜の背景はほぼ明らかになったと言えよう。色葉字類抄に記された、壬生をニブと読むことが一部に行われたことは確かである。そこには、m音とn音の交替という音韻の契機が介在したのだが、「壬」の呉音ニンが何ほどか作用して、修正する方向に向かいにくかったこともあるのではないか。

東急本和名抄の書写において、室町時代、姓氏に行われた壬生の読み「ニブ」が、郷名「壬生」にも当てて訓がつけられた。それが元和本に受けつがれて広まった。しかし、その影響は限定的なものにとどまり、次第に元の形に復帰して行った。これがわたしの推論である。

六　歴史学者の地名論

以上、五節にわたって見たのは、宣長が既に解いていたと言えるこの問題に、二百年後の研究者が振り回されている光景である。宣長に比べると、考察に資すべき材料も多く、情報の入手も容易である。それなのに、彼の考察に遠く及ばないところで足踏みしているのである。その原因は何か。

宣長は、言語・文学・歴史・思想、いずれの分野にも一流の業績を残した。かりにこのように四つに分けて示したが、当人にそのいずれの研究者であったかと問うたら、彼は困惑するだろう。どの分野にも配慮して研究した、と答えるに違いない。そう考えて己れを顧みると、忸怩たらざるをえない。主に古代語について研究しながら、歴史学の見識の乏しさを自戒しているからである。翻って、日本語を扱う史学者はどうだろうか。

小学館の「全集　日本歴史」（2008）は、各冊が単独執筆による日本通史の新刊である。その第二冊、平川南著『日本の原像』に「列島の東と西」と題する項目があり、日本列島の東西で国名の決定原理に大きな違いがある、という興味ぶかい発言がある。

西国の国名は、出雲国出雲郡のように国名と郡名の共通することが多いとして、河内国河内郡、阿波国阿波郡など九つを挙げている。東国には、上総国安房郡が分立して安房国になった例を除くと、駿河国駿河郡だけである。そして、

西国は東国に比べて、早い段階からそれぞれの地域が自立的に地域支配を確立し、一時期は畿内を基盤とするヤマトと拮抗《きっこう》する勢力さえ存在した。しかし、ヤマト朝廷による全国支配の確立に伴い、それぞれの国の成立に際しては、出雲・吉備などの在地勢力の名称がそのまま国名として命名された。

というのである。これは極めて魅力的な言説である。かねていだいていた、大地名は小地名の範囲が拡大したものだ、とする私見を見事に説明してくれたのである。

右の記述に続いて、東国の国名は個別に説明される。まず、美濃国はもと「三野」と書いた。「野」には山すその緩やかな傾斜地の意味があるので、各務野・青野・加茂野、三つの野があることによる名だという。『新撰美濃志』の説を採ったのだが、かかる説明は江戸時代の他の地誌にも見える俗説にすぎない、とわたしは考える。青野が文献に登場するのは鎌倉時代、各務野、加茂野は江戸時代後半である。

古事記の国名は訓字表記が古いことは周知の事実である。したがって、「三野」が文字どおり三つの野を指すとも確かであろう。われわれが知りうるのはそこまでである。よほどの事がないかぎり、その三つがいずこの野であるかを明らかにすることはできない。右の説は、郁岡良弼が百年前に『日本地理志料』で否定したものである。和銅四年の年紀をもつ平城宮跡出土木簡に「三野国本須郡三野ア□□」の文字が見える。これが和名抄の本巣郡美濃郷で、今の「見延」にあたるとするのは定説である。このように、古代のさまざまの文証は、この国の開化が西から進んだことを語って矛盾しない。右の三つの野のうち、美濃国の西部にあるのは青野だけで、他の二つは美濃国中部である。三つの大河があるから参河国だというほど簡単にはいかない、とわたしは考える。

駿河国について、「流れが速くてするどい川」を意味し、「富士川に由来する国名であろう」と解釈している。しかし、この解釈も理解しがたい。真に富士山に基づくなら、富士国となるはずである。富士川が急流で聞こえたことは言うまでもない。だが、川の流れをするどさで表現する伝統がこの国にあっただろうか。わたしには危うい論という印象が強い。

武蔵国については、先行するいくつかの説を紹介したのち、「ムサ」で考えている。ムサ説の成り立たないことは、「武蔵」の下字に濁音ザの「蔵」を用いていることで分かるはずである。古代史学者の著者にとって必読文献であるに違いない『古事記』の天の安の河の段、建比良鳥命の割注に「无邪志国造」、『高橋氏文』に「無邪志国造」ともある。さらに『木簡研究』十八号に紹介された飛鳥京跡出土木簡に「无耶志国仲評中里布奈大贄一斗五升」

とある。ムザシが古形であることには疑う余地がなく、旧時代の臆説をひくことは有害無益である。

七　史学と語学のあいだ

地名の由来、特に郷土の地名について考えることは、郷土愛の心から出る当然の営みである。だから、全国には市長村単位で多くの地名研究会があり、川崎市にある地名資料室は、それらの内のかなりの数を把握している。それを通覧すると、研究の限界がよく見える。それらの研究会が対応できるのは、せいぜい江戸時代以後の地名である。現代日本語の感覚で考えても大きな失考を侵さずに済むからである。だが、その感覚で古代地名を考えるのは、たいそう危険である。さらに史前の地名を考えるのは自殺行為に近いと思う。わたしはそのように考えるので、右の趣旨の発言を繰り返してきた。

概して、語学者は言語の性質とその扱いの難しさを知っているので、地名に関する発言も慎重であることが多い。それに比して、歴史学者は言語の性質にはさほど留意せず、歴史資料を扱う際に見せる慎重さを示さないことがある。地名の処理についても大胆なように見える。

シ学とゴ学の差は、わずか一に過ぎない。が、その一が意外に大きいのだということを、肝に銘じておきたい。近くて遠きは史学と語学の間と言ったら、過ぎたる言葉遊びだと叱られるだろうか。ともかく、わたしたちは、己れの蛸壺を出て、広い海中を見渡すべきである。もって他山の石としようと思う。

◎本篇は、『成城国文学』廿五号（成城国文学会 2009）に掲載された。

【著者紹介】

工藤力男（くどうりきお）

略　歴　昭和13年、秋田市新屋町《あらやまち》に生まれ育つ。

金沢大学法文学部・京都大学大学院文学研究科修士課程に学ぶ。

愛知県立高等学校・大阪府立高等学校、広島女子大学・岐阜大学・成城大学の教壇に立つ。

平成21年３月、成城大学を退職。同大学名誉教授。

現在、岐阜市に居住する。

著　　書　『季語の博物誌』（和泉書院 平成29年）

共編著書　『校本萬葉集 新増補版』（岩波書店 昭和53年〜57年）
日本歴史地名大系『岐阜県の地名』（平凡社 平成元年）
『校本萬葉集 新増補第三次増補修訂版』（岩波書店 平成６年〜７年）
新 日本古典文学大系『萬葉集』（岩波書店 平成11年〜平成16年）
岩波文庫版『万葉集』（平成25年〜28年）

論 文 集　『日本語史の諸相』（汲古書院 平成11年）
『日本語学の方法』（汲古書院 平成17年）
『萬葉集校注拾遺』（笠間書院 平成20年）

エッセイ集　『かなしき日本語』（笠間書院 平成21年）
『日本語に関する十二章』（和泉書院 平成24年）

和名類聚抄地名新考
―畿内・濃飛―

[いずみ昴《すばる》そうしょ7]

2018年11月15日　初版第１刷発行

著　者――工藤力男

発行者――廣橋研三

発行所――和泉書院

〒543-0037　大阪市天王寺区上之宮町７-６
電話　06-6771-1467
振替　00970-8-15043

印刷・製本――亜細亜印刷

装訂――倉本　修

ISBN978-4-7576-0889-4　C1381